Süßigkeiten aus Garten und Natur

Köstlichkeiten selbst gemacht

URSULA LANG

Inhalt

Vorwort

Jeder Supermarkt bietet eine riesige Auswahl an Süßwaren in grellen Farben und fantasievollen Formen zu günstigen Preisen. Warum also selbst herstellen, was es doch so einfach zu kaufen gibt?

Eigentlich wusste ich selbst bis vor wenigen Jahren nicht, wie man Gummibärchen, Schokoküsse oder Marshmallows herstellt. Viel Chemie muss da wohl drin sein, sonst wäre es nicht so leuchtend, wohlgeformt, weich, lange haltbar und würde gleichzeitig nicht so intensiv fruchtig schmecken, vermutet doch so mancher Konsument.
Ein Blick auf die Zutatenliste ist meist nicht wirklich erhellend, denn neben der Hauptzutat Zucker in Variationen (Saccharose, Glukosesirup, Invertzucker, Fruchtzucker etc.) ist meist eine lange Liste mit E-Nummern aufgereiht, die durch erläuternde Zusätze wie »natürlicher Farbstoff« beruhigend ergänzt werden. Hinter den E-Nummern verbergen sich meist Zusatzstoffe wie Verdickungsmittel, Stabilisatoren, Farbstoffe, Emulgatoren, allesamt Produkte einer hoch entwickelten Lebensmittelverarbeitungsindustrie.

Doch geht es auch ohne diese Stoffe, nur mit den Geräten, Zutaten und Kenntnissen eines Otto Normalverbrauchers? Ich biete eine Rezeptsammlung an, die ohne chemische Vorkenntnisse und High-Tech-Küchenausstattung auskommt. Als Basis dienen allgemein bekannte und in gut geführten Lebensmittelgeschäften käuflich erwerbbare Grundzutaten und Geräte. Es wurden keine chemischen Lebensmittelfarben verwendet, alle Fotos zeigen die Produkte so, wie sie in den Rezepten beschrieben sind: Aus selbst gekochten Fruchtsäften, Fruchtpüree oder Blütensirup kann man sehr farbintensive, geschmacklich facettenreiche und aromatische Köstlichkeiten zaubern, ohne künstlich nachhelfen zu müssen.

Marshmallows sind für viele Erwachsene doch Produkt einer negativ empfundenen amerikanischen Esskultur. Dieses Negativimage kann vielleicht etwas aufgewertet werden, sobald Sie Ihre eigenen, selbst gekochten Marshmallows aus Holunderblütensirup gekostet haben: Sie sehen zwar aus wie gekauft und fühlen sich auch so an, schmecken aber unvergleichlich gut.
Die Auswahl der verwendeten Früchte und Blüten ist bewusst auf heimische Gewächse begrenzt worden, um so einen Gegenpol zu setzen zum derzeitig beliebten Experimentieren mit exotischen Lebensmitteln, denn auch heimische Früchte wie Berberitzen und Holunderblüten sollten in unserer Küche ihren festen Platz wieder erobern.
Die nötigen Hilfsmittel und Geräte wie Thermometer zum Kochen von Zucker und Temperieren von Schokolade, aber auch Substanzen wie Glukosesirup für Fondant-Herstellung werden in der Einführung vorgestellt und Alternativen – soweit vorhanden – aufgezeigt.

So richtig gesund sind die Süßigkeiten jedoch nicht, denn auch sie enthalten Zucker, Sahne und Schokolade neben den Früchten, Blüten, Nüssen, Samen und Kernen. Aber sie schmecken lecker, sind für Allergiker geeignet, sehr kalorienhaltig und werden bestimmt so schnell verzehrt, dass sie kein Mindesthaltbarkeitsdatum erreichen.

Süßigkeiten herstellen ist ein schönes Hobby, besonders für trübe, ruhige Tage, an denen Beschäftigungen im Freien nicht sonderlich locken. Im Sommer Früchte und Blüten ernten, trocknen, einfrieren oder entsaften und im Winter Delikatessen daraus zaubern, das wird von Ihrer Familie und Ihren Freunden dank der Ergebnisse garantiert geschätzt.

Lassen Sie sich nicht entmutigen, wenn etwas nicht auf Anhieb gelingt: Als ich zum ersten Mal weißen Nougat hergestellt habe, bot meine Küche ein chaotisches Bild: verspritzte Arbeitsfläche, verklebte Töpfe und Geräte. Eigentlich wollte ich nie wieder Nougat herstellen, doch drei Stunden später kochte ich schon die zweite Ladung dieser leckeren Süßspeise, diesmal ohne größere Küchenverwüstungen – Übung macht eben den Meister ...
Zeit und Geduld gehören zur Arbeit, da immer wieder Ruhepausen (zum Abkühlen, Erstarren, Trocknen) notwendig sind. Auch das Formen und Verzieren kann fantasievoll ausgedehnt – oft auch mit Kindern – verfeinert werden.
Durch das Variieren mit Früchten oder das Austauschen von Gewürzen können schöne eigene, neue Kreationen entstehen, trauen Sie sich nur!

Viel Freude beim Ausprobieren und vor allem lassen Sie es sich schmecken!

Ihre

7

Geräte und Zubehör

Thermometer

Wird Zucker für Bonbons gekocht oder zu Karamell erhitzt, sollte man bestimmte Kochtemperaturen beachten. Um den Kochvorgang besser überwachen zu können, empfiehlt sich der Einsatz eines Zuckerthermometers (80–200 °C). Da Sie zum perfekten Schmelzen von Schokolade, deren Temperaturbereiche jedoch nicht im Bereich des Zuckerthermometers liegen, ebenfalls ein spezielles Thermometer benötigen, empfehle ich die Anschaffung eines elektronischen **Braten-** oder **Infrarotthermometers**. Der messbare Bereich liegt zwischen −30 und +220 °C. Sie können schnell und sauber für sämtliche Messungen beim Kochen, aber auch anderweitig im Haus eingesetzt werden. Beide sind einfach zu reinigen und messen in ein bis zwei Sekunden die Temperatur. Beim Infrarotthermometer müssen

Zubehör wie Silikonförmchen, genaue Waage und Thermometer erleichtern die Zubereitung.

Sie jedoch Abweichungen mit einkalkulieren, da die Oberflächentemperatur beispielweise beim Zuckerkochen bei Weitem nicht so hoch ist, wie am Topfboden.

Edelstahlschüssel

Zum Schmelzen von Schokolade im Wasserbad eignet sich eine normale Edelstahlschüssel, die auf einen Topf passt.

Silikonformen

Sie werden in mannigfaltigen Designs angeboten und sind bei der Herstellung von Bonbons, Fruchtgelees, Pralinen und Backwaren eine echte Bereicherung. Sie können im Backofen, Kühlschrank und in der Gefriertruhe verwendet werden. Durch ihre Flexibilität kann man auch stark anhaftende, klebrige Massen leicht herausdrücken.

Das Herauslösen von zuckerhaltigen Bonbons können Sie erleichtern, indem Silikonformen mit Öl oder Puderzucker-Stärke-Mischung leicht ausgepinselt werden. Schokolade löst sich leichter, wenn die Formen vor dem Befüllen und Entnehmen kurz angewärmt werden, zum Beispiel mit einem Föhn. Die Formen müssen restlos sauber sein und werden von Profis vor dem Befüllen mit Watte ausgewischt.
Gewöhnliche Pralinenformen sind meist aus starrem Kunststoff, robust und relativ teuer; ältere Modelle wurden oft aus Edelstahl gefertigt.

Pralinengitter und Pralinengabeln

Pralinengitter sind nützliche Helfer, ob beim Abtropfen von Fettgebackenem, beim Herstellen von klassischen Trüffelspitzen oder beim Überziehen von Petits Fours mit Kuvertüre, aber auch beim Dörren von Obst – die Anschaffung lohnt sich.

Pralinengabeln gibt es in drei bekannten Formen: Die spiralförmige ist für runde Pralinen bestimmt, 2- bzw. 3-zackige Gabeln können zum Tunken von sämtlichen eckigen Pralinen eingesetzt werden.

Schokoladenhohlformen

Diese vorgegossenen Schokoladenformen gibt es in reicher Auswahl in verschiedenen Formen, Größen und Schokoladenvariationen, ob als Kugel, Nuss-, Herz-, quadratische oder Ei-Form. Sie verkürzen und erleichtern die Pralinenherstellung enorm, da die äußere Hülle schon vorgegeben ist, und werden auch von Konditoren gerne verwendet.

Pralinendekoration

Selbstverständlich soll eine Praline nicht nur gut schmecken, ihre optische Erscheinung ist ebenso wichtig. Verzieren kann man mit Nüssen, Früchten, kandierten Blüten, Blütenpulver, buntem Streuzucker, Raspelschokolade, Krokantbröseln, aber auch mit essbaren Dekorfolien, Glitzerpuder und Blattgold. Sehr effektvoll sind Strukturfolien, die auf die frisch mit Kuvertüre überzogenen Pralinen gelegt und leicht angedrückt werden. Ist die Schokolade getrocknet, wird die Folie wieder abgezogen und hinterlässt ein Reliefmuster.

Pralinen schön verpackt

Zum Verschenken von selbst gefertigten Pralinen eignen sich viele Kartonpackungen und Dosen für Tee, Kosmetika, Lebensmittel und natürlich Süßwaren. Die Pappschachteln lassen sich mit einem schönen Geschenk- oder Schrankpapier und bunten Bändern zu individuellen Kreationen verwandeln, die günstig und doch einmalig schön sind. Leere Marmeladengläser können

mit kleinen Spitzen oder Glanzbildern für das Poesiealbum noch nostalgisch aufgepeppt werden. Mit kleinen Wäscheklammern werden die frisch geklebten Papiere, bis sie getrocknet sind, in Form gehalten. Die Süßwaren lassen sich mit Seiden- oder Butterbrotpapier gut gepolstert in den gestylten Schachteln verstauen und werden bei Feuchtigkeit und Kälte durch zusätzliche Tüten etc. geschützt transportiert.

Pralinenkapseln sind schöne Verpackung und schützende Hülle für die Einzelpraline. Mittlerweile sind sie in verschieden Farben, Größen und Dekors erhältlich.

Zum Verzieren eignen sich Geschenkpapiere, Bänder, Spitzen und Glanzbilder.

Zutaten und Grundtechniken

Zucker

Für die meisten Rezepte wird der normale **Haushaltszucker** verwendet. Er kann beim Karamellisieren jedoch durch Rühren und Formen auskristallisieren. Dies verhindert man durch Zugabe von etwas **Glukosesirup**. So kann heiße Bonbonmasse in Form gezogen und gedreht werden. Dieser durchsichtige, zähflüssige Zuckersirup verlangsamt in Süßigkeiten wie Marshmallows auch das Austrocknen. Glukosesirup wird aus der Stärke von Mais, Weizen oder Kartoffeln gewonnen, ist somit billiger in der Herstellung als Rübenzucker. Anstelle von Glukosesirup kann auch **Invert-** oder **Traubenzucker** eingesetzt werden, damit stark wasserhaltige Süßigkeiten weich bleiben und gekochter Zucker nicht auskristallisiert.

Einmachraffinade ist grobkörniger und ergibt einen klareren Sirup, da er doppelt raffiniert wurde und so weniger Verunreinigungen enthalten sind.

Gekochter Zucker: 140 °C, 130 °C und 120 °C, Karamell (150 °C).

Vollrohrzucker ist der reine, getrocknete Saft des Zuckerrohrs mit Mineralstoffen, Spurenelemente und Vitaminen und enthält Melasse.

Puderzucker ist sehr fein gemahlener Haushaltszucker, der teilweise mit etwas Stärke vermischt wird, um nicht zu klumpen.

Kochgrade von Zucker

Beim Erhitzen von Zucker können 10 Kochgrade unterschieden werden, die ihre besondere Verwendung haben:
1. 100 °C Läuterzucker
2. 105 °C Schwacher Faden (zum Kandieren von Früchten)
3. 109 °C Starker Faden (für Glasuren)
4. 112 °C Schwacher Flug (für gebrannte Mandeln)
5. 118 °C Starker Flug (zur Fondantbereitung)
6. 125 °C Ballenprobe (zum Marmeladekochen). Der Zucker ist zwischen zwei nassen Fingern zu einer kleinen Kugel formbar.
7. 138 °C Schwacher Bruch (zur Bonbonherstellung). Ein Holzstäbchen zuerst in die Zuckerlösung tauchen und dann kurz in kaltes Wasser. Der Zucker ist hart, bricht aber leicht.
8. 145 °C Starker Bruch (für Zuckerarbeiten). Die Zuckerprobe ist härter und trocken.
9. 150 °C Karamell (für Karamellfiguren). Der Zucker ist jetzt nahezu wasserfrei. Die Temperaturen steigen schnell und der Zucker bräunt. Kochen Sie weiter, so wirft der Zucker Blasen und wird sehr schnell dunkel.
10. 155 °C Zuckercouleur. Die Mokkafarbe des Zuckers wird zum Färben von Glasuren verwendet.

Ab 160 °C verbrennt der Zucker.

Karamell

Karamell entsteht durch starkes Erhitzen von Zucker. Bei ca. 150 °C verfärbt sich haushaltsüblicher Kristallzucker zuerst goldgelb, dann – bei weiterer Hitzezufuhr – bräunlich bis fast schwarz. Es entstehen Röstaromastoffe, die zunehmend bitter schmecken, je dunkler der Karamell ist. Zum Färben von Saucen wird dunkler Karamell verwendet, für Süßigkeiten jedoch hellerer, oft mit Sahne oder Butter verfeinerter Karamell. Geschmolzener Zucker sollte nicht gerührt und ständig beobachtet werden. Durch Rühren kann der flüssige Zucker wieder auskristallisieren, er wird bröckelig. Durch Beimischen von Glukosesirup oder Trauben- bzw. Invertzucker lässt sich das verhindern. Erkalteter Karamell ist durchscheinend und von glasartiger, hart-brüchiger Konsistenz. Man verwendet am besten eine geölte Marmorplatte, um den fertig gekochten Karamell abkühlen zu lassen.

Bonbons herstellen

Zum Herstellen von Bonbons benötigt man Zucker, Wasser oder Saft, Glukosesirup oder Traubenzucker (200 g Zucker, 50 ml Wasser, Tee oder Saft, ½ EL Glukosesirup). Nach Belieben ätherische Öle oder Aromastoffe.

Bevor Sie die Zuckermasse aufkochen, sollten Sie das Spülbecken mit kaltem Wasser ca. 5 cm hoch anfüllen, eine Marmorplatte oder ein Backblech, zwei Spatel und eine stabile Schere mit geschmacksneutralem Öl (z.B. Raps- oder Sonnenblumenöl) gut einölen.

Den Saft mit Zucker und Glukosesirup in einem breiten Topf ca. 10 Minuten ohne Rühren bei mittlerer Hitze kochen, bis der Zuckersirup eine Temperatur von ca. 130 °C hat. Nun können Sie ätherische Öle zugeben, um den Geschmack zu intensivieren. Den Topf anschließend in das Spülbecken stellen. Den Sirup auf die Marmorplatte bzw. das Backblech gießen, wenn er etwas abgekühlt ist. Mit den geölten Spateln die abkühlende Sirupmasse lösen und aus 40 cm Höhe langsam in dünnem Strahl auf die Platte zurückgleiten lassen. Zuckermasse wieder mit dem Spatel aufnehmen und wieder aus 40 cm Höhe langsam auf die Platte tropfen lassen. Da die Sirupmasse relativ schnell abkühlt und unformbar wird, ist zügiges Arbeiten gefragt!

Sobald man die Masse mit geölten Händen anfassen kann, diese an den Enden greifen und in die Länge ziehen, ein U formen und die beiden Strangenden zusammendrehen. Nun den Vorgang wiederholen, bis die Zuckermasse so abgekühlt ist, dass sie allmählich starr und unformbar wird. Ein letztes Mal den Strang

Die heiße Bonbonmasse wird auf eine geölte Marmorplatte gegossen. Zum Ablösen verwendet man einen Spatel.

Gedrillter, heißer Bonbonstrang. Mit der Schere werden Bonbons abgeschnitten.

in die Länge ziehen und verdrehen, dann mit einer geölten Schere vom Strang kleine Bonbons abschneiden und auf Backpapier gleiten lassen.

Idealerweise bearbeiten Sie nicht gleich die ganze Masse, sondern belassen einen Teil des Sirups im Topf, ein Teil kühlt auf der Marmorplatte, während Sie die ersten Stränge ziehen und verdrehen.

Ist die Zuckermasse bereits zu hart geworden, können Sie sie in der Mikrowelle auf einem geölten, hitzebeständigen Teller in wenigen Sekunden wieder schmelzen. Vorsicht: Die Zuckermasse ist im Inneren manchmal schon geschmolzen und sehr heiß, außen jedoch noch fest. Verbrennungsgefahr!

Schokolade

Die Kakaobohne ist das eigentliche Ausgangsprodukt für Kakaopulver, Kakaobutter und damit für Schokolade. In dunkler Schokolade ist der Anteil der Kakaomasse mit 50–100 % relativ bis sehr hoch, deshalb schmeckt sie bitter. Dagegen wird in Vollmilchschokolade nur 15 % Kakaomasse, dafür ca. 25 % Milchpulver eingesetzt. Weiße Schokolade enthält überhaupt keinen Kakao, aber ca. 25 % Milchpulver und ca. 30 % Kakaobutter. Der Rest von ca. 30–50 % ist Zucker, um die Süße einer Schokolade zu erreichen.

Kuvertüre enthält mehr Kakaobutter (mindestens 31 %) als normale Schokolade, wird beim Schmelzen dünnflüssiger, glänzt verstärkt und ist somit für die Pralinenherstellung ideal.

Schokolade temperieren

Schokolade richtig zu schmelzen ist eine Kunst, die geübt sein will. Klar kann jeder sie auf einem Teller in der Mikrowelle verflüssigen, aber in abgekühltem Zustand stellen sich schon nach kurzer Zeit optische Verfärbungen ein: Die Oberfläche glänzt nicht mehr, es bilden sich weiße Streifen – sie wirkt alt und ungenießbar.

Das perfekte Temperieren erfolgt in drei Schritten:

1. Schokolade zerkleinern und 2/3 davon in einer Metallschüssel über Wasserdampf erhitzen. Die Schüssel mit der Schokolade sollte nicht direkt mit dem Wasserbad in Berührung kommen, sonst steigt die Temperatur zu schnell auf über 45 °C an. Der aufsteigende Dampf bringt die Schokolade langsamer und schonender zum Schmelzen.

Schalten Sie die Herdplatte aus, sobald Sie das Wasser im Topf hören können, und rühren Sie stetig, bis ein Großteil der Schokolade bzw. Kuvertüre geschmolzen ist. Die Temperatur der Schokolade sollte 40–45 °C nicht überschreiten, sonst verdirbt sie und sieht erstarrt unschön aus.

2. Sobald die Temperatur von 40 °C erreicht ist, holen Sie die Metallschüssel vom Topf und stellen sie auf die Spülablage, geben die restliche zerkleinerte Schokolade hinzu und rühren ununterbrochen, bis die Masse auf 27–28 °C abgekühlt ist. Sie wird langsam wieder fester.

3. Nun erhitzen Sie die abgekühlte Schokolade wieder auf die endgültige Verarbeitungstemperatur, indem Sie die Schüssel auf den Wassertopf setzen. Den Herd brauchen Sie nicht mehr einschalten, da die Schokolade schnell wieder die nötige Temperatur erreicht, die je nach Schokoladensorte variiert:

Weiße Schokolade wird bei 28–30 °C,
Milchschokolade bei 30–31 °C und
Zartbitterschokolade bei ca. 32 °C verarbeitet.

Benötigen Sie kleine Mengen an flüssiger Schokolade zum Verzieren von Süßwaren, so geben Sie die Schokolade in eine Tasse und erwärmen diese in der Mikrowelle für ca. 1 Minute. Dann rühren Sie die teilweise geschmolzene Schokolade gut durch und erhitzen nochmals für wenige Sekunden, bis der Rest ebenfalls geschmolzen ist.

Ganache

Diese Creme besteht hauptsächlich aus Kuvertüre, Sahne oder Butter und Aromen wie Nüssen, Gewürzen, Fruchtpüree und Rum etc.

Sie wird als Pralinenfüllung oder als Überzugsmasse von Torten verwendet und kann in der Konsistenz von sehr cremig bis relativ schnittfest variieren. Meist wird die Sahne erhitzt und mit den Aromastoffen über die gehackte Schokolade gegossen, gut verrührt und gekühlt. Anschließend wird sie cremig aufgeschlagen und kann in Pralinenhohlformen gespritzt werden. Sie ist nur kurze Zeit gekühlt haltbar.

Lagerung von Schokolade und gefüllten Pralinen

Schokolade, Kuvertüre und Pralinenhohlformen können einige Monate trocken bei 9–18 °C gelagert werden. Sie sollten luftdicht und lichtgeschützt verpackt sein, damit sie keine Fremdgerüche annehmen und möglichst wenigen Temperaturschwankungen ausgesetzt sind. Durch empfindliche Füllungen mit schnell verderblichen Zutaten wie Sahne, Butter oder Fruchtpüree verkürzt sich die Lagerzeit erheblich.

Pralinen gehören jedoch nicht in den Kühlschrank – mit Ausnahme von Eiskonfekt –, sondern luftdicht und dunkel verpackt an einen trockenen, kühlen (ca. 15 °C) Ort.

Fruchtfüllungen sollten nur wenige Tage, sahnehaltige Ganache ein bis zwei Wochen gelagert werden, alkoholhaltige Füllungen halten sich mehrere Wochen.

Qualitätseinbußen von Schokolade

Lagerschäden sind Fettreif, Zuckerreif und Oxidation.
Fettreif: Durch stark schwankende Lagertemperaturen kann die Schokolade ihren Glanz verlieren und einen fleckig weißen Belag bekommen. Dieser Fettreif entsteht durch Rekristallisation von Fetten und wird oft irrtümlich mit Schimmel verwechselt.

Zuckerreif: Stellt man kalte Schokolade in warme Umgebung so bilden sich Wassertröpfchen auf der Oberfläche, der Zucker in der Schokolade wird angelöst und verbleibt als raue, ungleichmäßige Oberfläche zurück. Verhindern kann man diesen Zuckerreif, indem man Schokolade in der Verpackung belässt, bis sie sich an die Umgebungstemperatur akklimatisiert hat.

Fettoxidation: Wird Schokolade längere Zeit Licht und Luft ausgesetzt, kommt es zur Fettoxidation, das heißt, das Fett in der Schokolade löst sich auf, und die Schokolade bekommt einen unangenehmen Geruch, sie wird ungenießbar.

Kuvertüre in Chipsform schmilzt im Wasserbad; zum Überziehen legt man Süßigkeiten auf ein Pralinengitter.

Essbare Blüten, Beeren und Früchte

Blüten trocknen

Getrocknete Blüten sind schön anzusehen, und die Herstellung macht einfach sehr viel Spaß: So strahlen die ausgelegten Blüten in den bezauberndsten Farben des Regenbogens und duften meist betörend.

Idealerweise werden sie nach Abtrocknen des Taus und bei voll entfalteter Blüte gepflückt, also nicht bei regennasser Witterung. Blumen werden niemals gewaschen, es würden zu viele Inhaltsstoffe verloren gehen.

Trocknen Sie einzelne Pflanzenarten getrennt und bei gemäßigten Temperaturen im Schatten. Lagern Sie die lichtempfindlichen Blüten anschließend möglichst in dunklen Gefäßen, sonst verblassen die Farben bei manchen Kräutern sehr schnell. Sie können ganze Blütenköpfe trocknen (z. B. von Ringelblumen) oder auch Rosenknospen, die Sie dekorativ einsetzen können. Natürlich dauert die Trocknung wesentlich länger als nur der kleinen und meist wasserarmen Blütenblättchen. Die wertvollsten Inhaltsstoffe bei Korbblütlern lagern oft in den

Empfindliche Blüten wie Rosen- oder Holunderblüten trocknet man im Schatten auf luftdurchlässigen Sieben.

feinen Zungenblüten, und so kommt man meist gar nicht umhin die einzelnen Blütenblättchen zu zupfen.

Nicht alle Blumen sind essbar. Rittersporn zum Beispiel hat leuchtend blaue Blüten, die jedoch frisch schwach giftig sind. **Sammeln Sie deshalb nur eindeutig bestimmbare Pflanzen**, am sichersten nur aus dem eigenen Garten.

■ Verwenden Sie nur ungespritzte, schadstofffreie Blüten! Um jeglichen Zweifel auszuräumen, ernten Sie Ihre Blüten im eigenen Garten und sammeln Wildblüten nicht direkt neben befahrenen Straßen.

■ Blüten haben die kulinarische Welt erobert und verfeinern als Pulver, kandiert oder als Sirup die heutige Küche. Farbliche Highlights und aromatische i-Tüpfelchen setzen Sie durch Verfeinerung mit Kräuterblüten.

■ Zu den essbaren Blüten gehören u. a. Borretsch, Dill, Dost, Fenchel, Frauenmantel, Gänseblümchen, Johanniskraut, Kamille, Kapuzinerkresse, Lavendel, Löwenzahn, Malve, Melisse und Minzen, Nelken, Ringelblume, Rose, Gewürztagetes, Speisechrysantheme, Veilchen und Weißdorn.

Beeren und Obst trocknen

Prinzipiell lassen sich alle Obstsorten trocknen, aber bei den wenigstens empfiehlt es sich, die ganze Frucht zu trocknen. So dörren Äpfel, Birnen, Aprikosen, Pfirsiche und Zwetschgen wesentlich zügiger, wenn man sie in Scheiben schneidet. Bei besonders saftreichen Beeren wie Brombeeren, Himbeeren und Johannisbeeren empfiehlt es sich, den Saft auszupressen und die Masse in Fruchtmatten zu dörren.

Möchten Sie die intensive Farbe des frischen Obstes erhalten, sollten die Früchte vorbehandelt werden. Hierfür eignen sich verschiedene Verfahren. Um Braunfärbung zu vermeiden, taucht man das Obst entweder

■ in eine Zitronensäurelösung bzw. tropft etwas Zitronensaft direkt auf die Schnittstellen oder

- kocht das Dörrgut kurz in einer Zuckerlösung auf oder
- taucht es in kaltes Salzwasser, das mit 1 EL Salz auf 1 l Wasser angesetzt wurde.

Zerkleinertes Dörrgut wird mit der Schnittfläche nach oben auf die Dörrgitter gelegt, bei stark safthaltigem Obst wird Backpapier oder Alufolie untergelegt, bis sich die äußeren Schichten geschlossen haben und keine Flüssigkeit mehr austritt. Nun kann man Papier bzw. Folie ggf. entfernen und das Dörrgut umdrehen.

Fruchtmatten herstellen

Zum Herstellen von Fruchtmatten bzw. -leder eignen sich besonders saftreiche Beeren mit fester Außenhaut und vielen Kernen, also Johannis-, Stachel-, Brom- und Himbeeren, aber auch Aprikosen. Ich koche das Püree vorher auf, so entweicht hier bereits ein Teil der Flüssigkeit und die im Obst vorhandenen Mikroorganismen werden abgetötet. Dadurch kommt es beim Dörren nicht so schnell zur Gärung oder zum Schimmeln der Fruchtmatten. Ein Zusatz von Bindemitteln wie Agar-Agar oder Gelatine beschleunigt die Trocknung und erlaubt auch dickere Fruchtschichten.

Beispiel: Erdbeermatte
200 g Erdbeeren
20 g Zucker
1–2 TL Agar-Agar

Erdbeeren mit einem Messer säubern. Die Beeren in einen kleinen Topf geben und pürieren. Mit Zucker und Agar-Agar verrühren und aufkochen. Herd ausschalten, jedoch weiter unter Rühren Wasser verdampfen lassen. Ein Backblech mit Backpapier auslegen und Erdbeerpüree daraufstreichen (ca. 5 mm dick). Sofort im Backofen bei 50 °C mehrere Stunden dörren.
Über Nacht aus dem Ofen herausnehmen und am nächsten Tag die Fruchtmatte vom Backpapier ablösen und umdrehen. An sonnigen Tagen kann die Matte auf einem Pralinengitter weiter an einem warmen, sonnigen Ort gedörrt werden.
Am dritten Tag kann die ledrige Matte zwischen Backpapier aufgerollt in Dosen verpackt werden.

Mischen Sie auch mal verschiedene Beeren, bereiten das Püree wie oben beschrieben zu und füllen es in Silikonförmchen.

Saftreiche Früchte wie Zwetschgen sollten im Dörrapparat oder Backofen bei ca. 70 °C getrocknet werden.

Verschiedene Frucht- und Gemüsematten: (v. l.) aus Erdbeeren, Aprikosen, Himbeeren, Tomaten, Johannisbeeren.

Blüten und Früchte pulverisieren

Aromatische und farblich reizvolle Blüten, die essbar sind, können zu Blütenpulver verarbeitet werden. Hierfür trocknet man die einzelnen Blütenblätter ohne die grünen Stiele und Hüllblätter. Sie müssen rascheln bzw. sehr gut getrocknet sein, damit sie in der elektrischen Kaffee- oder Kräutermühle gemahlen werden können. Mit einem Mörser oder einer handbetriebenen alten Kaffeemühle erhalten Sie meist kein feines gleichmäßiges Blütenpulver. Mischen Sie vor dem Mahlen beispielsweise Rosenblätter mit Puderzucker, so erhalten Sie feineres Blütenpulver.

Getrocknete Beeren können ebenfalls gemahlen werden. Am besten zerkleinern Sie getrocknete Erdbeeren, Kirschen etc. (aber auch Orangen- oder Zitronenschalen) vor dem Mahlen etwas mit dem Messer, so werden sie feiner gemahlen.

Selbst hergestelltes Frucht- und Blütenpulver ist frei von künstlichen Farbzusätzen, folglich jedoch nicht so intensiv farbig wie gekauftes Fruchtpulver.

Rosen- und Lavendelzucker, gemahlene Orangenschalen, Zitronenschalen, Himbeer- und Erdbeerpulver.

Frucht- und Blütenzucker

Nicht nur für Desserts und Obstsalat, sondern auch für herzhafte Salate eignen sich Blüten- und Fruchtzucker. Man kann sie auf verschiedene Arten herstellen:

1. Lavendelzucker

Sie geben getrocknete Lavendelblüten zu Puderzucker oder feinem Zucker, im Verhältnis 1:2, in ein dicht schließendes Glas und lassen das Gemisch mehrere Wochen stehen. Nach ungefähr einem Monat sieben Sie die Lavendelblüten ab und verwenden den aromatisierten Zucker wie Vanillezucker.

2. Rosenzucker

5 g getrocknete Rosenblüten
100 g Puderzucker
Bei dieser Zubereitungsvariante verbleiben die Blüten im Zucker, und färben ihn zartrosa ein. Hierfür müssen Sie die Rosenblüten gut trocknen und in der elektrischen Kräuter- oder Kaffeemühle fein mahlen. Manche Blüten werden durch die Lagerung etwas weich und lassen sich folglich schlecht pulverisieren, dann legen Sie die Blüten kurz in den Backofen zum Trocknen, oder Sie »rösten« sie in einer Pfanne, bis sie kross sind.
Der Puderzucker wird mit dem Rosenpulver vermischt und ein bis zwei Wochen in einem dicht schließenden Gefäß aufbewahrt. Der Geschmack ist intensiver, da die Blüten noch enthalten sind, allerdings kann es vorkommen, dass Sie auf kleine Rosenstückchen beißen, die nicht so fein gemahlen wurden.

■ Beim Herstellen von Blütenzucker sind Ihrer Fantasie keine Grenzen gesetzt, Sie können so mehrere Blüten mit Kräutern und Gewürzen mischen. Besonders effektvoll sind Kombinationen aus einem Teil farbintensiver Blüten mit einem Teil aromatischer, aber unscheinbarer Blüten oder Gewürze (Ringelblume mit Gewürztagetes, Türkische Melisse mit Goldmelisse).
■ Natürlich lassen sich auch gedörrte Früchte mahlen und zu fruchtigem Zucker verarbeiten.

Saft, Sirup und Gelee herstellen

Beispielhaft werden hier drei Rezepte zur Zubereitung von Fruchtsäften und Blütensirup sowie daraus hergestelltes Fruchtgelee vorgestellt. Haben Sie keine Beeren oder Blüten zur Hand, können Sie natürlich auch gekaufte Säfte für Ihre Süßigkeiten einsetzen.

Holundersaft

2 kg Holunderbeeren
700–1000 g Zucker

Im Dampfentsafter Holunderbeeren mit Wasser und Zucker entsaften, heiß in vorgewärmte Flaschen füllen. Holunder mit Zwetschgen gemischt lässt sich gut zusammen entsaften.

Indianernesselsirup

Sie erhalten einen leuchtend roten Sirup, der so klar und intensiv scheint, als ob er chemisch gefärbt wäre.

2 Handvoll frischer Blüten der Indianernessel
1 kleine Handvoll Blätter der Indianernessel
1,5 l Wasser
1 kg Zucker
20 g Zitronensäure

Wasser mit 500 g Zucker erhitzen, bis der Zucker gelöst ist. Warm über die sauberen Blüten und Blätter im Ansatzgefäß gießen. Zitronensäure dazugeben und 1–3 Tage stehen lassen. Dann abseihen und mit dem restlichen Zucker erhitzen. Heiß in vorgewärmte Flaschen füllen.

Quittensirup

1,5 kg Quitten
1 l Wasser
700 g Zucker

Gewürze nach Wahl:
1 Zweig Pfefferminze, 4 Kardamomkapseln oder 1 Zimtstange

Quitten trocken abreiben, waschen, Blüte und Stiel entfernen, in Stücke schneiden und mit Wasser ca. 20 Minuten weich kochen, anschließend durch ein Tuch passieren. Saft mit Zucker aufkochen, Gewürz beigeben und kurz ziehen lassen, vor dem Abfüllen wieder entfernen. Heiß in vorgewärmte Flaschen füllen.

Quitten-Apfel-Gelee

1 l Quittensirup
500 ml Apfelsaft
1200 g Gelierzucker 1:1
1 Zimtstange oder Vanillestange

Quittensirup (siehe oben) abmessen, mit Apfelsaft, Gelierzucker und Gewürz in einen Topf geben, verrühren und aufkochen lassen. 3 Minuten sprudelnd kochen, dann in vorgewärmte Marmeladengläser füllen und gut verschließen. Nach Belieben vor dem Abfüllen einen Schuss Apfel-Quitten-Likör zugeben.

Quitten – dekorativ anzusehen, betörend duftend und aromatisch im Geschmack, ob als Saft, Gelee oder Süßigkeit.

Kandieren

Kandieren ist eine spezielle Form des Dörrens. Obst oder Obst-
stücke werden in Zuckerlösung gekocht und eingelegt, um so
das Wasser in den Früchten durch Zucker zu ersetzen. Der
Zuckergehalt des Obstes steigt auf mindestens 70 % an, Mikroorganismen (Bakterien und Pilze) sterben ab, da sie in so hohen
Zuckerkonzentrationen nicht überleben.

Das Kandieren von Früchten dauert mehrere Tage, da die
Zuckerlösung erst einziehen muss und der Zuckergehalt der
Lösung stetig erhöht wird. Diese zeitintensive Prozedur ist verant-
wortlich für den hohen Preis, den kandiertes Obst im Handel hat
– es lohnt sich also, diese schmackhafte Süßigkeit selbst herzustellen. So kandiere ich verschiedene Früchte nur 2–3 Tage.
Dieses gezuckerte Obst trocknet viel schneller, behält seine
schöne, fruchtige Farbe und schmeckt nicht nur nach Zucker,
sondern nach vollreifen Früchten. Das nachfolgende Rezept kann
mit verschiedenen Früchten variiert werden.

**Kandierte Erdbeeren, Aprikosen und Quittenscheiben sehen
dekorativ aus und schmecken delikat.**

Kandierte Aprikosen und Quitten

Quitten und Aprikosen kann man gemeinsam in einem Topf
kandieren, da sich die Aromen der beiden Früchte sehr gut
ergänzen. Natürlich können Sie auch nur eine Fruchtsorte
kandieren.

250 g Zucker
150 ml Aprikosensaft
2 Quitten (ca. 200 g)
200 g Aprikosen

Das Obst waschen, die Aprikosen entsteinen und die Quitten in
2–4 mm dicke Scheiben schneiden (mit Kernen), nur Bart entfernen. Zucker mit Saft aufkochen, bis sich der Zucker gelöst hat,
dann die Quitten 30 Minuten mit den Aprikosen im Sirup glasig
dünsten und über Nacht im Sirup ziehen lassen.

Empfindliche Früchte wie Erdbeeren oder Rhabarber nicht
kochen, nur mit heißem Sirup übergießen und ziehen lassen.

Am nächsten Tag Quittenscheiben abtropfen lassen. 100 g vom
aufgefangenen Sirup mit weiteren 100 g Zucker aufkochen,
Quitten zugeben und einen weiteren Tag darin ziehen lassen.

Am dritten Tag 100 g des Quittensirups mit 100 g Zucker vermischen und erhitzen, bis der Zucker geschmolzen ist, die
Früchte zugeben und 2–3 Stunden darin ziehen lassen, dann
entweder im Ofen bei 100 °C trocknen oder an der Heizung
mehrere Tage auslegen. Anschließend in Gefrierbeuteln luftdicht
verpacken.

Der übrige Quittensirup kann zu leckeren Lutschern oder
Bonbons weiterverarbeitet werden. Hierfür wird der Sirup mit
1–2 EL Invertzucker verrührt und auf ca. 135 °C erhitzt, ohne
weiter umzurühren. Nun in kleine Förmchen gießen und erstarren lassen.

Zuckerblüten herstellen

Zum Verzuckern verwende ich etwas Likör (Blüten- oder Fruchtlikör, beispielsweise Limoncello, Himbeerlikör, Amaretto etc.) und tauche die Blüten darin ein. Anschließend wende ich sie in Puderzucker und bestreue sie damit. Nun werden sie 2–4 Tage zum Trocknen ausgelegt und dann lagenweise in luftdichte Dosen mit Backpapier geschichtet.

Ganz gute Ergebnisse habe ich auch mit übrigem Zuckersirup vom Kandieren gemacht. Hierfür tauche ich die Blüten in den abgekühlten Sirup und lege sie mit den Stielenden auf Dörrgitter oder kopfüber auf Backpapier, sodass die Blüte auseinandergefaltet trocknen kann.

Manche Blüten beispielsweise von Stiefmütterchen verlieren extrem an Größe, auch Borretschblüten und zarte Veilchen schrumpfen zusammen. Einfacher sind Dolden von Fliederblüten oder Traubenkirsche, aber auch Gewürztagetes eignet sich gut. Bei Rosen (nur ungespritzt!) einzelne Blütenblätter oder kleine Blütenknospen verwenden, sie zerfallen nicht so leicht wie voll erblühte Exemplare.

■ Zuckerblüten sind außergewöhnliche, dekorative i-Tüpfelchen für Pralinen, Salate, Desserts und können schnell einen alltäglichen Nachtisch in ein festliches Dessert verwandeln. Sie lassen sich gut vorbereiten und benötigen sehr wenig Lagerfläche.
■ Man kann Blüten auch mit verquirltem Eiweiß bepinseln und mit Zucker bestreuen.
■ Ich sammle Blüten von Pflanzen wie Stiefmütterchen, sobald ich die Frühjahrsbepflanzung im Garten entferne und die Sommerpflanzen setze. Meist blühen die Stiefmütterchen dann noch sehr üppig und sind einfach zu schade zum Wegwerfen. Dasselbe gilt für Gewürztagetes im Herbst.

Kandierte Rosenblüten

Rosenstreusel, also grob zerkleinerte Rosenblüten, eignen sich sehr gut zum Dekorieren und Bestreuen von Süßwaren. Hierfür können Sie ungespritzte Trockenrosenblüten zum Beispiel aus dem Teeladen verwenden.

5 g getrocknete Rosenblüten
20 g Puderzucker
15 g Rosenwasser

Rosenwasser mit Puderzucker in einer kleinen Tasse mit einem kleinen Löffel verrühren. Rosenblüten zugeben und mit der Hand gut verkneten, bis sich die Zuckerlösung mit den Blüten verbunden hat.

Nun die Blüten auf einem mit Backpapier ausgelegten Backblech ausbreiten, mit fein gesiebtem Puderzucker bestreuen und bei 50 °C im Ofen trocknen. Luftdicht in Dosen verpackt halten sich die kandierten Rosenstreublüten monatelang.

■ Achten Sie bei Rosenblättern darauf, sie immer dunkel zu lagern, da sie sonst leider sehr schnell verblassen.

Gezuckerte Flieder- und Rosenblüten, Gewürztagetes und Borretschblüten.

Nüsse, Samen
und Mandeln

Gebrannte Nüsse, Samen und Trockenfrüchte

Gebrannte Mandeln – wer liebt sie nicht? Der Duft von gerösteten Mandeln mit karamellisiertem Zucker gehört zu Jahrmärkten und Festen einfach dazu. Mittlerweile werden nicht nur Mandeln angeboten, sondern auch gebrannte Kürbis- und Sonnenblumenkerne.

Zutaten

150 g Zucker

Zimtpulver

1 Päckchen Vanillepulver

50 g Wasser

25 g Haselnüsse

25 g Walnüsse

25 g Sonnenblumenkerne

25 g Kürbiskerne

25 g Sesam

25 g gemischte Trockenfrüchte (z. B. Apfel- und Birnenscheiben, Kirschen, Cranberrys)

1 Zucker mit Zimt, Vanille und Wasser aufkochen und gut verrühren, bis sich der Zucker aufgelöst hat.

2 Nüsse, Kerne und Sesam zugeben und mit einem Holzlöffel unterrühren. Bei mittlerer Hitze karamellisieren lassen, dabei die Kerne unter wenig Rühren nur ab und zu vom Boden lösen. Nach 5 Minuten die Trockenfrüchte zugeben.

3 Etwa 10 Minuten nach dem Aufkochen ist das Wasser verdampft, die Kerne sind nun umhüllt vom Krokant. Herd abschalten und das Gemisch auf ein mit Backpapier ausgelegtes Backblech schütten und verteilen.

Mein Tipp

Die bewährte Karamellmasse habe ich mit verschiedenen Nüssen und Kernen gemischt und auch Trockenfrüchte karamellisiert. Natürlich können Sie Ihre eigene Lieblingsmischung zusammenstellen. Beachten sollten Sie nur, dass die Früchte nicht zu lange geröstet werden sollten, sonst werden sie hart und brennen an.

Waffelplatten mit Honig-Nuss-Füllung

Waffelplatten sind in unseren Regionen nicht so bekannt – in Russland hingegen sehr beliebt. Sie erhalten die Waffeln in Geschäften, die russische Spezialitäten anbieten, oder in Onlineshops.

Zutaten

100 g Maiwipfelhonig

100 g Zucker

100 g Margarine

50 g Haselnüsse, gemahlen

50 g Walnüsse, gemahlen

50 g Mandeln, gemahlen

2 EL Kakaopulver

2 Msp. Vanillepulver

1 Schnapsglas Rum

7 Waffelplatten (24 x 29 cm)

Ca. 100 g Hagebutten-marmelade

1 Den Maiwipfelhonig mit dem Zucker auf 120 °C aufkochen. Nun die Margarine unterrühren, Nüsse, Kakaopulver, Vanille und Rum zugeben, cremig rühren und auf der ausgeschalteten Herdplatte stehen lassen.

2 Eine Waffelplatte mit der groben Seite nach unten auf ein Backblech legen und mit einem Teil der Honig-Nuss-Creme bestreichen. Eine zweite Waffelplatte darauflegen, etwas andrücken und mit Hagebuttenmarmelade bestreichen. Darauf eine weitere Platte legen und fortfahren, bis Creme und Marmelade aufgebraucht sind. Mit einer Waffelplatte abschließen.

3 Die Platten in Frischhaltefolie einpacken und eine Nacht lang ziehen lassen, dann in kleine Rauten oder Rechtecke schneiden und bis zum Verzehr kühl lagern.

Mein Tipp

Maiwipfelhonig lässt sich ganz leicht selbst herstellen: Dazu Anfang Mai 200 g zarte, hellgrüne Fichtentriebe (die sogenannten Maiwipfel) sammeln und abwechselnd mit 300 g braunem Rohrzucker oder Honig in ein Schraubglas füllen. Dieses stellt man für 4–6 Wochen auf eine Fensterbank in die Sonne, wodurch ein flüssiger Sirup entsteht, der gut bei Bronchialerkrankungen hilft.

Blätterkrokantpraline

Zugegeben, die Herstellung von Blätterkrokant ist nicht ganz einfach, aber Sie werden dafür mit zartschmelzendem Nougat und fein knusprigem Karamell belohnt!

Zutaten

200 g dunkle Nussnougat-Rohmasse

200 g Einmachraffinade

75 ml Wasser

50 g Glukosesirup

1 Msp. Kardamom

1 Msp. Koriander

20 g Butter

Ca. 150 g Zartbitterkuvertüre

Neutrales Öl (z. B. Rapsöl)

1 Backblech und 1–2 Backspatel aus Metall mit Öl einpinseln. Blech mit einem feuchten Haushaltstuch unterlegen, damit es nicht verrutscht und die Arbeitsplatte vor Hitze geschützt ist. Nougat in sehr dünne Scheiben schneiden und diese dicht nebeneinander auf das Blech legen.

2 Raffinade mit Wasser und Glukosesirup in einem Topf erhitzen. Sobald der Zuckersirup kocht, nicht mehr rühren, in wenigen Minuten bei ca. 140 °C leicht karamellisieren lassen. Färbt er sich hellbraun, Herd abschalten, Kardamom, Koriander und Butter unterrühren. So viel Sirup auf die Nougatplatte gießen, dass sie bedeckt ist, aber er nicht mit dem Blech in Kontakt gerät. Restlichen Sirup beiseitestellen.

3 Nougatmasse mit dem Spatel zügig von außen zur Mitte hin einschlagen. Der Nougat verflüssigt sich unter dem Zuckersirup. Der Sirup bildet dünne Fäden, die umso feiner werden, je mehr man die Nougat-Zucker-Masse faltet und einschlägt. Nach wenigen Minuten verfestigen sich die Fäden. Masse in eine rechteckige Form bringen, mit dem Spatel flach drücken, Rillen hineindrücken und abkühlen lassen. Den Blätterkrokant mit einem Messer portionieren und evtl. mit Kuvertüre überziehen.

Mein Tipp

Sie können den restlichen Zuckersirup kurz aufwärmen und auf das geölte Backblech gießen. Warten Sie, bis der Sirup etwas abgekühlt ist, dann schneiden Sie die Platte in kleine Rechtecke und verpacken die abgekühlten Bonbons in kleinen Dosen oder Tüten.

Erdmandel-Honig-Kartoffeln

Die Erdmandel (auch Chufa genannt) ist eine hierzulande eher unbekannte Pflanze aus der Gattung der Zypergräser aus dem Mittelmeerraum. Ihre erbsengroßen Knollen erinnern im Geschmack an Haselnüsse und Mandeln.

Zutaten

75 g Erdmandeln, gemahlen

75 g Haselnüsse oder Mandeln, gemahlen

75 g Honig

Zimt- oder Vanillepulver

Kakaopulver

Variante

225 g Erdmandel-Nuss-Marzipan

200 g Nussnougat-Rohmasse

200 g Vollmilch- oder Zartbitterkuvertüre

1 Handvoll Kakaobohnen (nach Belieben)

1 Die gemahlenen Erdmandeln und Nüsse in einer Pfanne ohne Fett unter Rühren anrösten und in eine kleine Schüssel geben. Honig zugeben und von Hand gut verkneten, nach Wunsch mit Zimt oder Vanille aromatisieren.

2 Marzipan zu einer Rolle formen. Kleine Scheiben abschneiden und zu kleinen Kugeln rollen. Die »Kartoffeln« in Kakaopulver wälzen und in Dosen aufbewahren.

Variante: Marzipan-Nuss-Trüffel

1 Aus dem Erdmandel-Nuss-Marzipan kleine Kugeln formen.

2 Nussnougat in einer Schüssel im Wasserbad schmelzen und die Marzipankugeln einzeln darin eintauchen. Zum Abtropfen und Trocknen auf ein Pralinengitter setzen, 1–2 Stunden kühl stellen.

3 Kuvertüre im Wasserbad schmelzen. Die Trüffel in die Kuvertüre eintunken und auf dem Pralinengitter zum Trocknen ablegen. Dekoration: Kakaobohnen in Splitter hacken und in einer Pfanne ohne Fett anrösten. Die Trüffel damit bestreuen.

Französischer Nougat ganz anders

Dieser selbst gemachte Nougat schmeckt sehr lecker und ist überhaupt nicht vergleichbar mit gekauftem türkischem Honig! Allerdings ist die Zubereitung relativ schwierig und nur für geübte Zuckerbäcker zu empfehlen.

Zutaten

50 g ganze Haselnüsse

50 g Walnüsse, gehackt

50 g Sonnenblumenkerne

50 g Kürbiskerne

50 g Sesam

50 g getrocknete Aprikosen, gewürfelt

50 g getrocknete Berberitzen

50 g getrocknete Kirschen

50 g getrocknete Cranberrys

2 Eiweiß

400 g Zucker

40 g Glukosesirup

100 ml Wasser

200 g Honig, erhitzt

Eckige Backoblaten

Butter und neutrales Öl
(z. B. Rapsöl) zum Einfetten

1 Backblech mit Butter einfetten, mit Backpapier auslegen, dieses einfetten und mit den Backoblaten auslegen. Backspatel mit neutralem Öl einpinseln. Nüsse, Kerne und Sesam in einer Pfanne leicht anrösten, Früchte mit den Nüssen vermischen und warm halten. Honig in der Mikrowelle kurz erhitzen.

2 Die Eiweiße mit 25 g Zucker in eine große Metallschüssel geben und steif schlagen. Für das Wasserbad Wasser in einem Topf erhitzen. Restlichen Zucker mit Glukosesirup und Wasser in einem weiteren Topf erhitzen. Hat der Zuckersirup den Zustand des schwachen Bruchs erreicht (ca. 140 °C), so karamellisiert der Zucker sehr schnell. Zügig die Schüssel mit Eischnee ins Wasserbad stellen, den Sirup langsam auf den Eischnee gießen und währenddessen mit dem Handrührgerät den Eischnee schlagen, bis die Masse steif ist und glänzt. Honig zugeben und weiter rühren, bis sich die Masse vom Schüsselrand löst. Nuss-Früchte-Mischung mit einem Holzlöffel unterrühren.

3 Die Masse sofort auf das Blech gießen und mit dem Spatel glatt streichen. Erstarrt sie zu schnell; einfach im Wasserbad wieder erwärmen. Zur Dekoration können kandierte Früchte oder eine zweite Lage Oblaten als Deckel aufgelegt werden. Nougat 4–6 Stunden auskühlen lassen, mit einem geölten Messer oder einer Haushaltschere in Stücke schneiden und luftdicht aufbewahren.

Konfekt aus Honig, Samen und Kernen

Dieses kernige, dünne Gebäck ist zur Tee- oder Kaffeepause zwischendurch eine leckere Nascherei. Besonders praktisch: Das Konfekt ist mehrere Wochen haltbar.

Zutaten

100 g Honig

100 g brauner Rohrzucker

50 g Sonnenblumenkerne

50 g Kürbiskerne

50 g Leinsamen

50 g Sesam

Butter zum Einfetten

1 Ein Backblech mit Backpapier belegen, beides mit Butter einfetten.

2 Honig und Zucker in einem Edelstahltopf mit einem Holzlöffel verrühren, schmelzen und Kerne, Leinsamen und Sesam einrühren. Die Mischung 5–10 Minuten köcheln lassen, bis die Kerne etwas gebräunt sind, dann die Mischung auf das Backblech geben und glatt streichen.

3 Die klebrige Masse mit einem Nudelholz aus Marmor ca. 4 mm dick ausrollen. Alternativ geöltes Backpapier auf die Masse legen und sie mit den Händen platt drücken.

4 Die Teigplatte noch warm in Rechtecke schneiden und abkühlen lassen. Gebäck in luftdichten Dosen aufbewahren.

Mein Tipp

Legen Sie ein kleines Stück Folie zwischen die einzelnen Konfektlagen, so kleben sie nicht aneinander.

Eiskonfekt mit Nussnougat

Eiskonfekt ist – nicht nur – in der warmen Jahreszeit beliebt, da das Kokosfett bereits nach wenigen Sekunden im Mund zu schmelzen beginnt, und das Konfekt mit seinem angenehm kühlenden Effekt überrascht.

Zutaten

100 g Nussnougat-Rohmasse

50 g Kokosfett

100 g Vollmilchkuvertüre

35 g gemischte Haselnüsse und Walnüsse, gemahlen

Nektarinen-Eiskonfekt

1 Nektarine

50 ml Pfirsichsaft

250 g weiße Schokolade

30 g Kokosfett

Zitronensaft

Kirsch-Eiskonfekt

50 g Kirschpüree

1 EL Kirschwasser

150 g weiße Schokolade

25 g Kokosfett

1 Nussnougat mit Kokosfett und Kuvertüre im Wasserbad schmelzen. Die Nüsse unterrühren, dann die Schüssel 1–2 Stunden kühl stellen.

2 Die erstarrende Masse mit einer Gabel etwas aufrühren und mit der Garnierspritze in Metallförmchen spritzen. Im Kühlschrank oder in der Gefriertruhe aufbewahren.

Nektarinen-Eiskonfekt

1 Nektarine waschen, entsteinen und klein schneiden. Mit dem Pfirsichsaft aufkochen, dann pürieren und durch ein Sieb streichen. 100 g abwiegen und beiseitestellen.

2 Weiße Schokolade und Kokosfett im Wasserbad schmelzen und mit Nektarinenpüree und etwas Zitronensaft verrühren. Gekühlt in Förmchen spritzen.

Kirsch-Eiskonfekt

Zubereitung wie Nektarinen-Eiskonfekt.

Halva-Kaubonbons mit Sesampaste

Diese Kaubonbons werden im Prinzip wie das bekannte Halva hergestellt, jedoch in mundgerechte Häppchen geschnitten – für mehr Genuss und weniger verklebte Zähne.

Zutaten

100 g Zucker

1 EL (20 g) Invertzucker

50 ml Wasser

1 EL (30 g) Honig

10 g Pistazien

20 g Kürbiskerne

100 g Sesampaste (Tahini)

1 Msp. Kardamom

1 Msp. Koriander

1 Msp. Zimt

1 Msp. Vanillepulver

25 g Sesam

1 EL Zitronensaft

Ca. 40 g Sesam

Neutrales Öl (z.B. Rapsöl) zum Einfetten

1 Eine Kastenform gut einölen oder mit Backpapier auslegen. Zucker, Invertzucker, Wasser und Honig in einem Topf aufkochen, bis der Zucker zu karamellisieren (140 °C) beginnt. Nun Pistazien, Kerne, Sesampaste und Gewürze zugeben und weiter rühren. Die heiße Masse in die Form füllen und festdrücken.

2 Sesam in einer Pfanne ohne Fett anrösten und auf die Masse streuen. Das noch warme Sesammus aus der Form heben oder stürzen und mit einem geölten Messer in bonbongroße Würfel schneiden. Luftdicht verpackt aufbewahren.

Mein Tipp

Sesammus kann man leicht selbst herstellen, indem man Sesamsamen im Backofen röstet, in der elektrischen Nussmühle fein mahlt, bis ein Brei entsteht, und evtl. etwas Sesamöl zugibt. Ins Halva können Sie auch Mandeln, Schokolade oder Kakao geben.

Marzipanblüten und -mäuse

Man muss nicht immer teure Marzipanfiguren kaufen – kreieren Sie mit etwas Fantasie und Fingerfertigkeit eigene Unikate. Statt mit künstlichen Farbstoffen können Sie so mit natürlichem Fruchtpulver oder Blütenblättern färben. Auch für Kinder ein großer Spaß!

Zutaten

Für das Mandelmarzipan:

100 g Mandeln, gemahlen

100 g Puderzucker

Rosenwasser

Für die Blüten und Mäuse:

Ca. 200 g Mandelmarzipan

Ca. 10–20 ml Saft zum Färben und Aromatisieren (z. B. Holundersaft)

Frucht- und Blütenpulver zum Färben (z. B. Himbeer-, Rosenblüten-, Ringelblumen-, Orangen- und Zitronen-schalenpulver)

Ca. 50–100 g Puderzucker

Rosenwasser

Puderzucker und Mandeln in eine kleine Schüssel geben und so viel Rosenwasser hinzugießen, dass ein fester Marzipanteig herstellbar ist. Mit Bittermandelöl, Zimt oder Likören kann der Geschmack variiert werden.

Blüten

1 Marzipan in Schritten verarbeiten: 50 g Marzipan in eine kleine Schüssel geben, 1–2 Esslöffel Saft zugeben, Fruchtpulver nach Wunsch und so viel Puderzucker hinzufügen, bis ein gut formbarer, nicht klebriger Teig entsteht.

2 Den Teig auf einer mit Puderzucker bemehlten Fläche ca. 5 mm dick ausrollen, runde Plättchen ausstechen und in der Handfläche daraus kleine Blättchen formen.

3 Mehrere Blätter zu einer Blüte zusammensetzen. Die einzelnen Blättchen sollten in der Größe variieren, die kleinsten bilden die Mitte der Blüte. Die größeren werden außen herum an die bestehende Rosette gedrückt. Dabei eventuell etwas Rosenwasser zu Hilfe nehmen. Die einzelnen Blätter können vor dem Zusammensetzen in Frucht- oder Blütenpulver gewendet werden.

Mäuse

Marzipan mit farbigem Fruchtpulver und etwas Puderzucker verkneten, kleine Stücke abteilen (ca. 15–20 g) und Mäuse aus einem Stück modellieren. Schwanz und Spitzohren werden zum Schluss mit etwas Rosenwasser befeuchtet und an den Rumpf geklebt.

Waffelplatten mit Walnuss-Kokos-Füllung und Nussnougat

Gefüllte Waffeln sind bei Kleinen und Großen beliebt, schnell und leicht herzustellen und lassen sich gut im Voraus zubereiten. Dieses Rezept erfreut bestimmt alle Schleckermäuler.

Zutaten

Für die Walnuss-Kokos-Füllung:

100 g Margarine

100 g Puderzucker

150 ml Kondensmilch

100 g Walnüsse

40 g Kokosraspel

Für die Nussnougat-Füllung:

100 g Nussnougat-Rohmasse

25 g Kokosfett

25 g Haselnüsse, gemahlen

6 Waffelplatten (24 x 29 cm)

1 Margarine mit Puderzucker schaumig rühren, Kondensmilch langsam einrühren und 1 Minute schaumig schlagen. Nun Walnüsse und Kokosraspel unterrühren. Creme beiseitestellen.

2 Für die zweite Creme Nussnougat mit Kokosfett im Wasserbad schmelzen, dann die Haselnüsse unterrühren.

3 Die beiden Cremes im Wechsel auf die Waffelplatten streichen, bis sie aufgebraucht sind. Mit einer Waffelplatte abschließen, die Platten beim Zusammensetzen jeweils leicht andrücken.

4 Die gefüllten Waffeln mit Frischhaltefolie einpacken und eine Nacht lang ziehen lassen, dann in kleine Rauten oder Rechtecke schneiden und bis zum Verzehr kühl lagern.

Türkischer Honig

Die Zubereitung dieser köstlichen, orientalischen Spezialität verlangt Ihre volle Konzentration. Deshalb sollten Kinder erst beim letzten Teil des Vergnügens dazukommen – dem Verzehr!

Zutaten

25 g ganze Haselnüsse

25 g Kürbiskerne

25 g Sesam

25 g getrocknete Aprikosen, gewürfelt

25 g getrocknete Berberitzen

25 g getrocknete Kirschen

25 g getrocknete Cranberrys

2 Eiweiß

200 g Zucker

30 g Glukosesirup

60 ml Wasser

50 g Honig

80 g Sesampaste (Tahini)

20 g Kakaobutter

1 EL Rosenwasser

Eckige Backoblaten

Neutrales Öl (z. B. Rapsöl)

1 Nüsse, Kerne und Sesam in der Mikrowelle erwärmen, Früchte mit den Nüssen vermischen und warm halten. Deckel einer Gebäckdose (ca. 20 x 20 cm) mit Backpapier und Backoblaten auslegen. Backspatel mit neutralem Öl einpinseln.

2 Eiweiß mit 25 g Zucker in eine große Metallschüssel geben und steif schlagen. Für das Wasserbad Wasser in einem Topf erhitzen. Restlichen Zucker mit Glukosesirup und Wasser in einem weiteren Topf erhitzen. Hat der Zuckersirup den Zustand des schwachen Bruchs erreicht (ca. 140 °C), so karamellisiert der Zucker sehr schnell. Zügig die Schüssel mit Eischnee ins Wasserbad stellen, den Sirup langsam auf den Eischnee gießen und währenddessen mit dem Handrührgerät den Eischnee schlagen, bis die Masse steif ist und glänzt. Honig zugeben und weiter rühren, bis sich die Masse vom Schüsselrand löst. Sesampaste, Kakaobutter, Rosenwasser und Nuss-Früchte-Mischung zugeben und mit einem Holzlöffel unterrühren.

3 Sobald die Kakaobutter geschmolzen ist, die Masse auf das Blech gießen, mit dem Spatel glatt streichen und mit einer Lage Backoblaten bedecken. Den Nougat 4 Stunden auskühlen lassen, mit einem geölten Messer oder einer Schere in Stücke schneiden und luftdicht aufbewahren.

Haselnussfudge

Eine Leckerei, die es in sich hat – geschmacklich und kalorienmäßig sehr üppig! Eine Diätspeise wird es nie werden, dafür zergeht dieses weiche und samtige Haselnussfudge auf der Zunge ...

Zutaten

375 g Zucker

125 g Glukosesirup

150 g Sahne

40 g Butter

100 g Nussnougat-Rohmasse

70 g Blockschokolade

30 g Haselnüsse, gehackt

40 g Walnüsse, gehackt

1 Eine Kastenform mit Backpapier auslegen, einen 5 cm hohen Rand mit belegen.

2 Zucker, Glukosesirup, Sahne und Butter in einem großen Topf erhitzen, rühren, bis sich der Zucker gelöst hat. Dann – ohne umzurühren – die Masse kochen, bis sie eine Temperatur von 114 °C erreicht hat, dies dauert ca. 5–10 Minuten.

3 Herd ausschalten, Nussnougat und Blockschokolade zugeben und unter Rühren schmelzen. Zum Schluss die gehackten Hasel- und Walnüsse einrühren.

4 Die warme Masse in die Kastenform füllen und über Nacht erkalten lassen. Am nächsten Tag aus der Form holen und in Quadrate schneiden.

Mein Tipp

Die Grundzutaten Zucker, Sahne, Butter und Wasser können durch weitere Zutaten wie verschiedene Schokoladesorten, Kaffee oder diverse Nussarten variiert werden.

Fruchtiges

Kette aus Trockenfrüchten

Sie kennen bestimmt die Ketten aus bunten Zuckerperlen, die als Arm- oder Halsband von jedem Mädchen gerne getragen und geknabbert werden. Eine gesündere Alternative dazu können Sie selbst herstellen: eine süße Knabberkette aus Trockenobst – nach eigenen Vorlieben.

Zutaten

Getrocknete Früchte
(z. B. Aprikosen, Kirschen,
Apfel- und Birnenscheiben,
Zwetschgen, Cranberrys)

Klein geschnittene Fruchtpasten (z. B. Quittenbrot,
Fruchtmatten aus Brom-
beeren etc.)

Kandierte Früchte (z. B. Grape-
fruitschalen), in Streifen
geschnitten

Ungefärbte, dünne Baumwoll-
schnur oder starker Bindfaden

1 spitze Nähnadel mit breiter
Öse

1 Verschiedene getrocknete, farbenfrohe Früchte und Beeren, auch Fruchtpasten, kandierte Früchte oder selbst gemachte Gummibärchen vorbereiten.

2 In beliebiger Reihenfolge mit der Nadel auf einen Faden fädeln und in gewünschter Länge zusammenknoten. Trocken gelagert, sind die Fruchtketten gut haltbar, aber in Kinderhänden dürften sie nicht alt werden …

Mein Tipp

Kinderleicht herzustellen, einfach vorzubereiten und eine schöne Bastelaktion an Kindergeburtstagen! Auch für einen Kaufladen mit essbarer Dekoration ist diese äußerst gesunde Nascherei gut geeignet.

Früchtetee-Zuckerstangen

Die farbenfrohen Zuckerstangen sehen sehr appetitlich aus und schmecken intensiv fruchtig, egal, ob sie mit Tee oder Saft zubereitet werden.

Zutaten

60 ml Früchtetee (dazu
eine Tasse kochendes Wasser
mit 2 Beuteln Früchtetee
10 Minuten ziehen lassen,
die Beutel entfernen und
60 ml abmessen) oder 60 ml
Fruchtsaft

200 g Einmachraffinade oder
Haushaltszucker

½ EL Glukosesirup (damit der
gekochte Zucker beim Rühren
und Formen der Stangen nicht
auskristallisiert)

Neutrales Öl (z. B. Rapsöl)
zum Einfetten

1 Backblech oder Marmorplatte, Spatel und eine stabile Schere mit Öl einpinseln. Spülbecken ca. 5 cm hoch mit kaltem Wasser befüllen.
Tee bzw. Saft mit Raffinade bzw. Zucker und Glukosesirup in einem Topf verrühren und aufkochen. Nicht mehr rühren, den Topf ab und zu hin- und herschwenken. Nach ca. 10–15 Minuten ist eine Temperatur von 140 °C (Stufe des schwachen Bruchs) erreicht, Herd abschalten und den Topf kurz ins Wasserbad stellen, um den Kochvorgang abzubrechen.

2 Den Zuckersirup auf das Blech bzw. die Platte gießen und wie auf Seite 11 beschrieben bearbeiten, anstelle von Bonbons längliche Stangen formen und mit einer geölten Schere abschneiden. Die Zuckerstangen auf dem geöltem Blech abkühlen lassen.
Überschüssiges Öl mit Küchenkrepp von den abgekühlten Zuckerstangen wischen, einzeln in Zellophanpapier einwickeln und luftdicht verpacken.

Variante

»Bernsteintropfen« – Zuckerstangen mit Quittensirup aus 200 g Zucker und 20 ml Quittensirup (siehe S. 17), 20 ml Orangensaft (kein Glukosesirup). Da kein Glukosesirup verwendet wird, die Zuckerplatte nicht falten und rühren, sonst kristallisiert der Zucker aus und wird bröselig. Die warme Masse in Streifen schneiden und mit geölten Händen Stangen daraus formen.

Holunder-Zwetschgen-Bonbons

Kinder lieben Bonbons – doch die Zubereitung sollte nur von Erwachsenen durchgeführt werden, zu leicht verbrennt man sich die Finger mit der heißen Bonbonmasse.

Zutaten

50 ml Holunder-Zwetschgen-Saft (siehe Saftherstellung auf S. 17)

200 g Einmachraffinade

½ EL Glukosesirup

1 TL Zimt, gemahlen

Neutrales Öl (z.B. Rapsöl) zum Einfetten

1 Spülbecken halb mit kaltem Wasser füllen, eine Marmorplatte oder ein Backblech, zwei Spatel und eine stabile Schere einölen, einen geölten Pinsel bereithalten. Holundersaft mit Raffinade und Glukosesirup in einem Topf verrühren, dann bei mittlerer Hitze 5–10 Minuten auf 140 °C erhitzen, ohne umzurühren. Zimt darüberstreuen, warten, bis er einsinkt, und den Topf in das Spülbecken stellen. Kurz warten, bis der Sirup etwas abgekühlt ist, auf die Marmorplatte bzw. das Blech gießen. Topf mit Siruprest wieder auf den Herd stellen, damit er flüssig bleibt. Portionsweise arbeiten.

2 Mit den Spateln die abkühlende Sirupmasse lösen und aus 40 cm Höhe langsam in dünnem Strahl zurückgleiten lassen. Vorgang wiederholen. Da die Sirupmasse relativ schnell unformbar wird, ist zügiges Arbeiten gefragt: Sobald die Masse angefasst werden kann, den Kloß mit geölten Händen an den Enden greifen, in die Länge ziehen, ein U formen und die beiden Strangenden zusammendrehen. Vorgang wiederholen, bis die abkühlende Zuckermasse allmählich starr wird.

3 Ein letztes Mal den Strang in die Länge ziehen und verdrehen, mit der Schere kleine Bonbons abschneiden und auf ein Backpapier gleiten lassen. Die abgekühlten Bonbons gleich in Zellophanpapier und luftdicht verpacken.

Mein Tipp

Schere und Spatel zwischendurch mit dem Pinsel wieder einölen, so klebt die Zuckermasse nicht daran fest (siehe auch S. 11).

Sanddorngeleefrüchte

Die Zitrone des Nordens ist äußerst dekorativ anzusehen, gesund und schmeckt sehr säuerlich. Deshalb wird sie in der Regel nicht roh verzehrt, sondern findet meist in gesüßten Säften und Gelees Verwendung. Überaus positiv: Sanddorn enthält sehr viel Vitamin C.

Zutaten

Etwas Kartoffelstärke

3 g Agar-Agar

200 g Sanddornsirup

100 g Zucker

5 g Zitronensäure

1 Silikonförmchen säubern und leicht mit Stärke auspinseln oder bestäuben. Agar-Agar mit 3 Esslöffeln des Sanddornsirups in einem kleinen Topf klumpenfrei auflösen. Restlichen Sirup und Zucker zugeben und gut verrühren.

2 Die Mischung aufkochen, bis sich der Zucker gelöst hat, dann die Zitronensäure zugeben. Das Gelee in die Förmchen füllen und am besten über Nacht erstarren lassen.

3 Zum Herauslösen mit einem kleinen Messer ganz vorsichtig am Rand der Formen entlangfahren und das Gelee lösen, dann die Geleefrüchte aus der Form drücken. Gelingt das nicht gleich, Förmchen für 1–2 Stunden einfrieren und die gefrorenen Früchte stürzen.

Mein Tipp

Mehrere Farbschichten in eine Form füllen, beispielsweise auf gelbes Sanddorngelee rotes Johannisbeergelee.

Erdbeer-Himbeer-Brausepulver

Prickelnde Brause lieben nicht nur Kinder! Das säuerlich-süße Geschmackserlebnis wird mit wenigen Substanzen erzeugt: Grundlage ist der süße Puderzucker, die Säure wird mit Zitronensäurepulver zugeführt, das Prickeln und Schäumen entsteht durch Backpulver oder Haushaltsnatron, und der fruchtige Geschmack wird durch natürliches Fruchtpulver oder – bei gekaufter Ware – durch künstliche Aromen erzeugt.

Zutaten

50 g Puderzucker

5 g Zitronensäure

3 g Weinsteinbackpulver

5 g Erdbeerpulver

5 g Himbeerpulver

Evtl. reine ätherische Öle

1 Den Puderzucker mit den übrigen Zutaten in der elektrischen Kaffeemühle fein mahlen.

2 Nach Belieben ein paar Tropfen ätherisches Öl zugeben und gut unterrühren. Anschließend das Pulver einige Stunden trocknen. In luftdichten Behältern aufbewahren.

Mein Tipp

Lutscher in das Brausepulver tauchen oder ein erfrischendes Getränk aus der Brause herstellen, indem Sie mehrere Teelöffel davon in ein Glas mit kaltem Wasser rühren. Variieren Sie auch mit anderen Fruchtpulvern wie Orangenpulver mit Orangenöl.

Dörrobstspieße in Schokolade

Leicht und schnell zuzubereiten, süß und fruchtig im Geschmack – einfach köstlich! Warum nicht mal die Kinder selbst »kochen« lassen? Ansonsten sind die fruchtigen Spieße auch bestens geeignet für Kindergeburtstage.

Zutaten

Etwa 200 g gemischte Trockenfrüchte (z. B. Apfelringe, Birnenschnitze, Cranberrys, Sultaninen, Aprikosen, Kirschen)

Ca. 150 g Vollmilchschokolade und/oder weiße Kuvertüre

Snackspieße/Holzspieße/Zahnstocher

1 Früchte vorsichtig auf die Stäbchen spießen. Schokolade in einer Metallschüssel im Wasserbad schmelzen und ein Backblech mit Backpapier auslegen.

2 Die Fruchtspieße ganz oder teilweise mit der flüssigen Schokolade überziehen und auf dem Backblech trocknen lassen.

Mein Tipp

Zum Servieren eignen sich große Früchte wie Äpfel, Orangen oder auch Kürbisse, um die Spieße effektvoll hineinzustecken. Anstelle von Trockenfrüchten können Sie natürlich auch frisches Obst verwenden. Hierbei sollten Sie nur beachten, dass das gewaschene Obst nicht mehr feucht sein darf. Die Kuvertüre gerinnt, sobald ein Tropfen Wasser hineinkommt. Mit frischem Obst können die Spieße nur einen Tag lang aufbewahrt werden.

Johannisbeer-Himbeer-Marshmallows

Selbst gemachte Marshmallows aus eigenem Fruchtsaft hergestellt – genauso süß, klebrig und lecker wie gekaufte, aber ohne Konservierungs- und Farbstoffe!

Zutaten

60 g Puderzucker

60 g Stärke

40 g Gelatinepulver
(4 Päckchen) oder
14 g Agar-Agar (muss
nicht aufquellen, kann
sofort verarbeitet werden)

375 ml Johannisbeer-
und/oder Himbeersaft

350 g Zucker

1 EL Glukosesirup

2 Eiweiß

Etwas Vanillepulver

1 Backblech mit Backpapier auslegen. Puderzucker und Stärke in eine Schüssel sieben und gut vermischen. Das Backpapier mit der Hälfte der Mischung bestäuben. Gelatine mit 125 ml Saft in einem kleinen Topf verrühren und quellen lassen. Zucker und Glukosesirup mit 50 ml Saft in einem kleinen Topf verrühren. Eiweiß sehr steif schlagen und in einer großen Metallschüssel, die auf einen wassergefüllten Topf passt, bereitstellen. 200 ml Saft abmessen.

2 Zuckersirup bei mittlerer Hitze in ca. 5 Minuten auf 130 °C erhitzen. In der Zwischenzeit die Gelatine bei mäßiger Hitze unter Rühren auflösen und das Wasser für das Wasserbad erhitzen. Hat der Zuckersirup 130 °C erreicht, die Gelatinelösung hineinrühren, die erhärtende Zuckermasse vom Topfboden lösen. Restlichen Saft und Vanille unter Rühren hinzugeben.

3 Die Schüssel mit dem Eischnee in das Wasserbad stellen, bei laufendem Handrührgerät Saft-Zucker-Mischung langsam zugeben und Masse schlagen (7–10 Minuten bei mittlerer Hitze), bis sie steif wird. Die schnell erstarrende Masse zügig auf das Backblech gießen und 4–5 Stunden ruhen lassen. Marshmallow-Masse mit Puderzuckermischung bestäuben, in Würfel schneiden oder mit Förmchen ausstechen. Zur Aufbewahrung mit der restlichen Puderzuckermischung bestäuben, um ein Aneinanderkleben zu verhindern. Luftdicht aufbewahren.

Gefrostetes Heidelbeer-Holunder-Parfait

Das fruchtige Parfait schmeckt leicht und locker durch den geschlagenen Eischnee. Zudem ist es viel einfacher herzustellen als Eiscreme, bei mindestens ebenso gutem geschmacklichem Ergebnis.

Zutaten

150 g Heidelbeeren

80 g Holunderblütensirup

50 g Sahne

2 Eiweiß

30 g Zucker

100 g Naturjoghurt

1 Eiweiß steif schlagen, danach in einer weiteren Schüssel die Sahne.

2 Heidelbeeren waschen, mit einem Pürierstab oder im Mixer pürieren und mit Holunderblütensirup, Zucker und der steif geschlagenen Sahne verrühren.

3 Eischnee und Joghurt unterziehen und das Parfait für mindestens 6 Stunden oder über Nacht ins Gefrierfach geben.

Variante: Quittenparfait

Dieses Parfait kommt ganz ohne Ei aus: 750 g Quitten waschen, Bart und Kerne entfernen, klein schneiden und mit 400 ml Quittensirup (siehe S. 17), 1 Zimtstange und etwas Vanillepulver ca. 20 Minuten weich kochen, im Sud abkühlen lassen, Zimtstange entfernen, dann pürieren. 200 g Sahne steif schlagen, mit etwas Rum verfeinern und zum Quittenmus geben, verrühren und das Parfait in das Gefrierfach geben.

Mein Tipp

Ungekochte Eier enthalten oft Salmonellen, verwenden Sie deswegen nur ganz frische Eier oder Trockeneiweiß und lagern Sie das Parfait nur wenige Tage bei minus 18 °C.

Himbeerschleckmuscheln

Ein Klassiker der Süßwarenindustrie sind zweifellos Schleckmuscheln. Sie können sie mit einem Saft Ihrer Wahl und gesammelten Urlaubsandenken herstellen. Für Kinder ein schönes Mitbringsel!

Zutaten

200 g Zucker oder Einmachraffinade

80 g Glukosesirup oder Invertzucker

50 ml Himbeersaft

Ätherische Öle

Puderzucker

Muscheln vom letzten Urlaub oder aus dem Fischgeschäft

1 Die Muscheln werden mehrfach ausgekocht, um Salzwasserreste zu entfernen. Muscheln in einem kleinen Topf mit Wasser aufkochen, 30 Minuten ziehen lassen. Mit frischem Wasser nochmals aufkochen und über Nacht im Wasser liegen lassen.
Am Morgen nochmals mit klarem Wasser spülen und trocknen.

2 Kaltes Wasser in das Spülbecken füllen. Zucker, Sirup bzw. Invertzucker und Himbeersaft in einem Topf erhitzen. Sobald sich der Zucker aufgelöst hat, nicht mehr rühren. Bei mittlerer Hitze weiter kochen, bis der Sirup eine Temperatur von 130 °C erreicht hat. Den heißen Topf kurz in das Wasserbad stellen, um den Kochvorgang zu stoppen.

3 Die heiße Bonbonmasse in die Muscheln gießen. Die erkalteten Bonbon-Muscheln einzeln in Zellophan luftdicht verpacken.

Fruchtkugeln

Gesunde Süßigkeiten gibt es sehr wenige – doch hier haben wir einen Vertreter einer vollwertigen und zudem gesunden Leckerei. Die Fruchtkugeln schmecken richtig gut, sind sättigend und optisch ganz nett anzusehen.

Zutaten

100 g getrocknete Aprikosen

75 g getrocknete Apfel-schnitze

50 g getrocknete Kirschen

25 g getrocknete Berberitzen

25 g Rosinen oder Korinthen

2 EL Kirschwasser

50 g Sesam

2 EL Ahornsirup

2 EL gepoppter Amaranth

Kokosraspel oder gerösteter Sesam

1 Trockenobst sehr fein würfeln bzw. im Mixer zerkleinern, mit dem Kirschwasser beträufeln und ziehen lassen. In der Zwischenzeit den Sesam in einer Pfanne ohne Fett leicht rösten.

2 Zerkleinerte Früchte mit Sesam, Ahornsirup und Amaranth gut verkneten und daraus walnussgroße Kugeln formen.

3 Kugeln in Kokosflocken oder geröstetem Sesam wälzen und in bunte Pralinenförmchen setzen.

Mein Tipp

Versuchen Sie mal eine andere Kombination an Früchten, zum Beispiel Birnen statt Äpfel oder Cranberrys statt Kirschen.

Gefüllte Quittenlutscher

Säuerliche Berberitzen sind die Überraschung im Inneren der süßen Quittenlutscher.
Sie können natürlich auch getrocknete Kirschen oder Aprikosen als Füllung verwenden.

Zutaten

60 g Quitten-Apfel-Gelee
(siehe S. 17)

200 g Einmachraffinade

Glasierte Quittenscheiben

Getrocknete Aprikosen,
halbiert

Getrocknete Berberitzen

Holzstiele/Lutscherstiele

Neutrales Öl (z.B. Rapsöl)
zum Einfetten

1 Ein Backblech mit Backpapier auslegen oder mit Öl bestreichen.
Quittengelee und Raffinade in einem Topf aufkochen, ca.
5–10 Minuten kochen, bis der Zucker zu karamellisieren beginnt
und eine Temperatur von ca. 130 °C erreicht hat. Herd abschalten und warten, bis sich die Temperatur auf 140 °C erhöht.

2 Kleine Kreise auf das Blech gießen, Topf mit Zuckersirup
auf die ausgeschaltete Herdplatte stellen. Quittenscheiben,
Aprikosen und Berberitzen einzeln oder gemischt in die flüssige
Zuckermasse drücken, einen Holzstiel darüberlegen und eine
zweite Schicht Zuckersirup darübergießen. Die Lutscher abkühlen
lassen und einzeln in Zellophanpapier verpacken.

Mein Tipp

Zu hart gewordene Zuckermasse können Sie in der Mikrowelle
auf einem geölten Teller in wenigen Sekunden wieder schmelzen.
Vorsicht: Die Masse ist außen manchmal noch fest, im Inneren
jedoch schon geschmolzen und sehr heiß!

Kalter Hund

Zutaten

25 g getrocknete Apfelringe

25 g getrocknete Aprikosen

20 g kandierte Erdbeeren

25 g kandierte Quitten-scheiben

2 EL Rum

25 g getrocknete Kirschen

20 g getrocknete Berberitzen

200 g Butterkekse

100 g Butter

300 g Blockschokolade

2–3 EL Apfeldicksaft/Apfel-kraut (ca. 100 g)

25 g Haselnüsse, grob gehackt

25 g Kürbiskerne

Orangenschalenpulver

100 g Zucker

100 g Haselnüsse, in Stiften oder gehackt

100 g Zartbitterkuvertüre

Einen »Schokoladenkuchen ohne Backen« kennt man schon seit über 50 Jahren, aber meist werden lediglich Butterkekse mit Schokolade übereinandergeschichtet. Bei diesem Rezept sind die Kekse nur noch eine Zutat unter vielen. Früchte und Nüsse bringen farblich und geschmacklich Abwechslung.

1 Apfelringe, Aprikosen, Erdbeeren und Quittenscheiben würfeln, mit Rum, den Kirschen und Berberitzen in einer Schüssel ziehen lassen. Eine Kastenform mit Frischhaltefolie auslegen. Butterkekse mit den Händen zerbröseln.

2 Butter mit Schokolade und Apfelkraut im Wasserbad schmelzen. Keksbrösel, Nüsse, Kerne, Orangenschalenpulver und die eingelegten Früchte in die geschmolzene Schokolade geben und gut verrühren. Die Mischung in die Form füllen, gut andrücken und im Kühlschrank fest werden lassen.

3 In der Zwischenzeit den Zucker schmelzen; ihn dazu, ohne zu rühren, erhitzen, bis er karamellisiert (ca. 150 °C). Dann die Haselnüsse unterrühren und auf ein geöltes Backblech schütten, mit dem Löffel etwas verteilen und abkühlen lassen.

4 Am nächsten Morgen Kuvertüre im Wasserbad schmelzen, den Kalten Hund aus der Form stürzen und damit bestreichen. Mit dem Haselnusskaramell bestreuen.

Nektarinenpraline

Pralinenhohlformen gibt es im Internet von verschiedenen Anbietern zu kaufen. Sie sind nicht besonders teuer, erleichtern jedoch erheblich die Arbeit, da die äußere Hülle der Praline somit schon recht professionell aussieht.

Zutaten

1 Nektarine

50 ml Pfirsichfruchtsaft

250 g weiße Schokolade

50 g Kokosfett

2 g Zitronensäure

50 g weiße Kuvertüre

Zuckerstreublüten

Ca. 30 Pralinenhohlformen

1 Nektarine waschen, entsteinen und klein schneiden. Mit dem Pfirsichsaft aufkochen, dann pürieren und durch ein Sieb streichen. 100 g abwiegen und beiseitestellen.

2 Schokolade und Kokosfett im Wasserbad schmelzen und mit dem Fruchtpüree verrühren. Die Zitronensäure zugeben und die Mischung 1–2 Stunden kalt stellen.

3 Die Nektarinenganache mit einer Gabel aufrühren und in eine Gebäckspritze füllen. Die Creme in Pralinenhohlformen spritzen, dabei einen ca. 1–2 mm hohen Rand frei lassen. Die gefüllten Pralinen ca. 30 Minuten kühl stellen.

4 In der Zwischenzeit die Kuvertüre schmelzen und die gekühlten Pralinen damit verschließen. Nach Wunsch kann der noch warme Pralinendeckel mit Zuckerstreublüten verziert werden.

Mein Tipp

Die Früchte für die Füllung können Sie natürlich variieren, probieren Sie auch mal frische Aprikosen, Johannisbeeren oder Stachelbeeren aus.

Fruchtige Schokoküsse

Die ersten »Mohrenköpfe« wurden im 19. Jahrhundert in französischen Konditoreien hergestellt, aber erst nach dem Zweiten Weltkrieg wurden sie auch in Deutschland zur Massenware. Natürlich geht aber nichts über selbst gemachte Schokoküsse!

Zutaten

3 g Gelatine

50 g Kirschsaft
(Grundrezept siehe S. 17)

3–4 Eiweiß (100 g) bzw.
10 g Trockeneiweiß und
100 ml Wasser

200 g Zucker

½ EL Glukosesirup

10–15 runde Waffeln oder
Waffelbecher

Vollmilchkuvertüre

1 Gelatine in einen kleinen Topf geben, mit 10 g Saft verrühren und 5 Minuten quellen lassen. Eiweiß cremig (!) aufschlagen. Dann die Gelatine bei max. 70 °C auflösen und beiseitestellen. 40 g Saft mit Zucker und Glukosesirup in einem großen Topf auf 120 °C erhitzen.

2 Eischnee mit dem Handrührgerät in kleinen Portionen unter die heiße Masse rühren. Die gelöste Gelatine untermischen, die Masse dabei durch anhaltendes Rühren sehr luftig schlagen. 1 Stunde in den Kühlschrank geben.

3 Schaummasse auf die Waffeln bzw. in die Waffelbecher turmartig aufspritzen und 1 Stunde kühl stellen.

4 Kuvertüre schmelzen. Schokoküsse auf ein Drahtgestell setzen und mit der flüssigen Kuvertüre übergießen. Bis zum Verzehr kühl lagern.

Mein Tipp

Wiegen Sie die Zutaten unbedingt exakt ab, sonst könnte die Schaummasse zu weich oder gummiartig werden. Verwenden Sie keinen gekauften Kirschsaft – der ist meist stark gesüßt. Mit selbst gekochtem Saft aus Sauerkirschen erzeugen Sie eine Schaummasse mit angenehm süßsäuerlicher Note.

Apfel-Fruchtschnitte

Ein fruchtiger Riegel für zwischendurch – stärkend, erfrischend und sättigend. Ideal gegen den kleinen Hunger, als Abwechslung beim Pausenbrot für Ihre Kinder oder als zusätzlicher Energieschub bei Sportaktivitäten.

Zutaten

1 Packung Oblaten
(Esspapier)

250 ml Apfelsaft

50 g Apfeldicksaft

25 g Kartoffelstärke

25 g Traubenzucker

6 EL/80 ml Apfelsaft

100 g getrocknete Apfelringe,
fein geschnitten

25 g gepuffter Amaranth

2 g Zitronensäure

25 g feine Haferflocken

1 Eine Kastenform mit Backpapier und der Hälfte der Oblaten auslegen. Apfelsaft und Apfeldicksaft in einem kleinen Topf gut vermischen und erhitzen.

2 In der Zwischenzeit Stärke und Traubenzucker mit 6 EL Apfelsaft zu einem geschmeidigen Brei anrühren und in den kochenden Saft einrühren. Einmal aufkochen, dann in die geklärte Flüssigkeit Apfelschnitze, Amaranth, Zitronensäure und Haferflocken einrühren.

3 Den Brei auf den Oblaten verteilen, mit den restlichen Oblaten bedecken und mit einem Schneidbrett beschweren. Über Nacht trocknen lassen.

4 Am nächsten Tag die Fruchtmasse aus der Form nehmen. Falls sie noch etwas zu weich ist, einen weiteren Tag an einem warmen Ort trocknen lassen oder im Backofen bei 100 °C 1–2 Stunden dörren, dann in handliche Schnitten schneiden.

Herbstliche Zwetschgen-Nuss-Früchtchen

Zwetschgen, Walnüsse und Rum, das Ganze in ein Mäntelchen aus Marzipan gehüllt, wer kann dieser süßen Verführung aus herbstlichen Früchten schon widerstehen?

Zutaten

100 g Walnüsse

100 g getrocknete Zwetschgen

1 Msp. Zimtpulver

2 EL Zwetschgenschnaps oder 3 TL Rum

80 g Marzipan

20 g Puderzucker

1 TL Rosenwasser

Kakaopulver

1 Walnüsse grob hacken und in einer Pfanne ohne Fett rösten. Zwetschgen sehr fein würfeln und mit Zimt und Schnaps bzw. Rum aromatisieren. Die Walnüsse untermischen.

2 Aus Marzipan, Puderzucker und Rosenwasser einen geschmeidigen Teig kneten, ca. 3–4 mm dick auf einer mit Puderzucker bestäubten Platte ausrollen und Sterne ausstechen. Aus der restlichen Marzipanmasse (ca. 20 g) kleine Kugeln formen und mit der Zwetschgen-Nuss-Mischung umhüllen.

3 Jeweils einen Marzipanstern um eine Zwetschgenpraline legen und leicht andrücken. Mit etwas Kakaopulver bestäuben und in kleine Pralinenförmchen setzen.

Mein Tipp

Möchte man die Verdauung noch mehr ankurbeln, empfiehlt es sich, die Kugeln in Leinsamen zu wälzen.

Glasierte Birnen und Quitten

Manchmal sind die einfachsten Dinge die leckersten – glasierte Birnen und Quitten gehören auf jeden Fall dazu. Die dünnen Scheiben schimmern wie goldgelbes Milchglas. Anfangs hart, werden sie mit der Zeit weicher und ledrig, das herrliche Aroma bleibt jedoch erhalten.

Zutaten

5 Birnen (bzw. 3 Quitten)

Zitronensaft

200 g Wasser

400 g Zucker

Birnen

1 Birnen waschen, mit einem Messer in feine Scheiben (inkl. Kerne und Stiel) schneiden und mit Zitronensaft beträufeln.

2 Wasser und Zucker in einem großen, breiten Topf aufkochen. Ist der Zucker aufgelöst, so viele Birnenscheiben hineinlegen, dass alle Scheiben im Wasser schwimmen können, und in 10 Minuten glasig dünsten. Sobald sie leicht durchscheinen, die Scheiben mit einem Schaumlöffel herausnehmen und auf einem Gitter abtropfen lassen. Mit den weiteren Scheiben fortfahren.

3 Die Birnenscheiben auf einem mit Backpapier ausgelegten Backblech im Ofen bei 100 °C (Umluft) ca. 2 Stunden trocknen, die Ofentür mit einem Holzlöffel einen Spaltbreit öffnen.

Quitten

Quitten mit einem trockenen Tuch abreiben, waschen und in 2–4 mm dicke Scheiben schneiden, Kerne belassen. Mit den Quittenscheiben wie mit den Birnenscheiben verfahren, jedoch mit 30 Minuten Garzeit. Die Quitten- mit den Birnenscheiben zusammen im Ofen bei 100 °C (Umluft) trocknen.

Kirschtrüffel

Kirschtrüffel sind eigentlich relativ einfach herzustellen, machen jedoch geschmacklich und optisch viel mehr her. Damit eignen sie sich auch bestens als Geschenk.

Zutaten

200 g weiße Schokolade

25 g Kokosfett

50 g abgetropfte Kirschen aus dem Glas oder frisch und entsteint

1 EL Kirschwasser

100 g weiße Kuvertüre

50 g Puderzucker

Kandierte Kirschen, feinst geschnitten

1 Weiße Schokolade und Kokosfett im Wasserbad schmelzen. Währenddessen die Kirschen pürieren und mit Kirschwasser aromatisieren.

2 Die geschmolzene Schokolade mit dem Kirschpüree verrühren und kalt stellen. Nach 1–2 Stunden ist die Masse fest und kann zu kleinen Kugeln geformt werden. Die Kugeln wieder kühlen.

3 In der Zwischenzeit die Kuvertüre im Wasserbad schmelzen. Einen Teelöffel geschmolzene Kuvertüre auf die Handinnenfläche geben, je einen Kirschtrüffel in der Handfläche hin- und her bewegen, bis sich eine Schokoladenschicht bildet.

4 Die Praline gleich in einer kleinen Schüssel mit Puderzucker wälzen, bis sie nicht mehr klebt. Jede Praline so umhüllen und nach Belieben mit kandierten Kirschen verzieren. Die Trüffel sind nicht lange haltbar, deshalb kühl lagern.

Mein Tipp

Sie können neben Kirschen auch Himbeeren verwenden, damit schmecken die Trüffel mindestens genauso lecker.

Heidelbeer-Lavendel-Trüffel

Bei diesem Trüffel-Rezept gehen Heidelbeeren und Sahne mit der Schokolade eine wunderbare Einheit ein. Als Tüpfelchen auf dem i können Sie Lavendelöl einsetzen.

Zutaten

100 g Heidelbeeren

20 g Sahne

Ätherisches Lavendelöl

300 g dunkle Schokolade

200 g Zartbitterkuvertüre

1 Heidelbeeren waschen und in einem kleinen Topf pürieren, kurz aufkochen. Durch ein Sieb passieren und mit der Sahne und einem (!) Tropfen Lavendelöl vermengen. Schokolade im Wasserbad schmelzen und mit der Heidelbeersahne gut verrühren. Die Ganache über Nacht in einem kühlen Raum abkühlen lassen.

2 Die Heidelbeer-Ganache am nächsten Tag mit dem Rührgerät schaumig aufschlagen. Kleine Kugeln auf ein Blech spritzen und im Kühlschrank aushärten lassen oder die Ganache in vorgefertigte Pralinenhohlformen spritzen.

3 Kuvertüre im Wasserbad schmelzen, die festen Heidelbeerkugeln mithilfe einer Pralinengabel in die Kuvertüre tauchen und auf einem Pralinengitter erkalten lassen. Die Trüffel während des Aushärtens mit der Pralinengabel über das Gitter rollen, so entsteht eine interessante wellenartige Struktur.

Mein Tipp

Lavendelöl schmeckt sehr durchdringend, deshalb sollten Sie es äußerst sparsam dosieren.

Blüten-
und Kräuter-
delikatessen

Süße Buttervariationen

Zutaten

Süße Kräuterbutter

1 g Thymian

1 g Rosmarin

2 g Orangenschalenpulver

100 g Butter

20 g Puderzucker

Pfefferminzbutter

20 g weiße Schokolade

50 g Butter

10 g Puderzucker

1 g bzw. 1 TL getrocknete Schokoladenminze

1 EL Rosenwasser

1 Tropfen ätherisches Pfefferminzöl

Apfelbeerenbutter

50 g Butter

30 g Gelee aus Apfelbeeren

1 Msp. Thymian

1 Msp. Pfefferminze

1 Msp. Kardamom

1 Msp. Erdbeerpulver

Beginnen Sie den Tag außergewöhnlich – mit süßer Butter. Salzige Kräuterbutter kennt man, aber die süße Variante ist eine Spezialität, die es nicht zu kaufen gibt!

Süße Kräuterbutter

Thymian, Rosmarin und Orangenschalenpulver in der elektrischen Kräutermühle fein mahlen. Die zimmerwarme Butter mit Puderzucker schaumig rühren und die Kräuter mit dem Orangenschalenpulver unterrühren. In kleine Silikonförmchen füllen und ins Gefrierfach geben. Bei Bedarf einzeln entnehmen, die Butter taut in wenigen Minuten auf. Schmeckt gut zu Hefezopf und süßen Brötchen.

»before eight« – Pfefferminzbutter zum Frühstück

Die Schokolade im Wasserbad schmelzen. Butter in kleine Stücke schneiden und mit dem Puderzucker schaumig schlagen, die Schokolade unterrühren. Die getrocknete Minze sehr fein reiben bzw. in der Kräutermühle mahlen und zur Buttermischung geben. Zum Schluss mit ätherischem Minzöl verfeinern und in Förmchen einfrieren.

Apfelbeerenbutter

Die Butter schaumig schlagen und das Gelee unterrühren. Die Kräuter und das Erdbeerpulver darüberstreuen, mit dem Rührgerät gut schaumig aufschlagen und in Förmchen einfrieren.

Zartrosa Goldmelissenbonbons

Goldmelisse wirkt schlaffördernd, befreit die Atemwege bei Erkältungen und schmeckt delikat zitronenartig.

Zutaten

50 ml Goldmelissensirup oder -saft

200 g Zucker

½ EL Glukosesirup

Nach Belieben ätherisches Öl (Rosen- oder Limettenöl) oder Rosenwasser

Neutrales Öl (z. B. Rapsöl) zum Einfetten

1 Spülbecken mit kaltem Wasser halb füllen, Marmorplatte oder Backblech, 2 Spatel und eine stabile Schere mit neutralem Öl gut einfetten.

2 Goldmelissensirup, Zucker und Glukosesirup in einem großen Topf unter Rühren zum Kochen bringen. Dann ca. 10 Minuten ohne Rühren bei mittlerer Hitze kochen, bis der Zuckersirup eine Temperatur von ca. 130 °C hat.

3 Nach Wunsch ätherisches Öl (2–5 Tropfen) oder Rosenwasser zugeben, um den Geschmack zu intensivieren, und den Topf in das Spülbecken stellen. Warten, bis der Sirup etwas abgekühlt ist, dann einen Teil auf die Platte bzw. das Blech gießen. Portionsweise und zügig arbeiten, da die Masse schnell abkühlt.

4 Mit den Spateln die abkühlende Masse vom Blech lösen und aus 40 cm Höhe ganz langsam auf die Platte zurückgleiten lassen. Zuckermasse mit den Spateln wieder aufnehmen und aufs Blech tropfen lassen. Sobald man die Masse anfassen kann, mit geölten Händen an den Enden greifen und in die Länge ziehen, ein U formen und die beiden Strangenden zusammendrehen. Vorgang wiederholen, bis die Zuckermasse allmählich starr wird.

5 Ein letztes Mal den Strang in die Länge ziehen und verdrehen, dann mit einer geölten Schere davon kleine Bonbons abschneiden und auf Backpapier gleiten lassen. Sofort in Zellophanpapier und luftdicht verpacken, die Bonbons ziehen sonst Feuchtigkeit.

Marshmallows mit Holunderblütensirup

Selbst gemachte Marshmallows ohne Konservierungs- und Farbstoffe und mit eigenen Fruchtsäften hergestellt! Ein Rezept für Kinder – aber nicht mit Kindern zuzubereiten.

Zutaten

20 g Puderzucker

20 g Stärke

2 Päckchen Gelatinepulver (ca. 40 g) oder 14 g Agar-Agar

1 Päckchen Vanillezucker

200 ml Holunderblütensirup

200 g Zucker

½ EL Glukosesirup

1 Eiweiß

1 Backblech mit Backpapier auslegen. Puderzucker und Stärke in eine Schüssel sieben, gut vermischen und das Backpapier mit der Hälfte der Mischung bestäuben. Gelatine, Vanillepulver und 100 ml Sirup in einem kleinen Topf verrühren und quellen lassen. Zucker, Glukosesirup und die restlichen 100 ml Sirup in einem kleinen Topf verrühren. Eiweiß sehr steif schlagen und in einer großen Metallschüssel, die auf einen wassergefüllten Topf passt, bereitstellen.

2 Die Zuckermischung unter Rühren erhitzen, bis sich die Zuckerkristalle aufgelöst haben, dann nicht mehr rühren. Den Zuckersirup auf 130 °C erhitzen (dauert ca. 5 Minuten). In der Zwischenzeit das Wasser für das Wasserbad erhitzen und die Gelatine bei mäßiger Hitze unter Rühren auflösen. Hat der Zuckersirup 130 °C erreicht, die Gelatinelösung hineinrühren.

3 Die Schüssel mit dem Eischnee in das Wasserbad stellen, mit einem Handrührgerät den Eischnee schlagen und den heißen Zuckersirup langsam zugießen. Die Masse 7–10 Minuten bei mittlerer Hitze schlagen, damit sie steif wird. Durch Probieren lässt sich feststellen, wann die Zuckermasse nach Marshmallows zu schmecken beginnt. Die erstarrende Masse zügig auf das Backblech gießen und mehrere Stunden ruhen lassen.

4 Nach 4–5 Stunden eine Dauerbackfolie mit ¾ der restlichen Puderzucker-Stärke-Mischung bestäuben und die Marshmallowmasse daraufstürzen. Das obere Backpapier vorsichtig abziehen und die Masse klein schneiden oder Marshmallows mit Ausstechförmchen ausstechen. Die Marshmallows mit dem Rest der Puderzuckermischung bestäuben, damit sie nicht aneinanderkleben. Luftdicht aufbewahren.

Holunderbeerenlakritze

Lakritzextrakt besteht hauptsächlich aus Süßholzwurzel, die zur Schleimlösung bei Bronchitis und bei Magenbeschwerden eingesetzt wird. Hätten Sie gedacht, dass man Lakritze auch in der eigenen Küche herstellen kann?

Zutaten

200 ml Wasser

20 g Süßholzwurzelstückchen

5 g Anissamen

3 g Fenchelsamen

70 g Mehl (Type 405)

70 g Stärke

100 g Apfelsirup/Apfelkraut

2 g Agar-Agar

100 g Invertzucker

150 ml Holundersaft
(Grundrezept siehe S. 17)

1 Das Wasser mit Süßholz, Anis und Fenchel aufkochen und 30–60 Minuten ziehen lassen, die Kräuter durch ein Sieb abseihen und die Flüssigkeit auffangen. Mehl, Stärke, Apfelkraut, Agar-Agar und Invertzucker in einem Topf verrühren, mit 100 ml Süßholzabsud und dem Holundersaft mit einem Schneebesen klumpenfrei verrühren und aufkochen. Den Brandteig dabei mit einem Bratenwender immerzu vom Topfboden schaben, bis sich der Teigkloß löst. Den Kloß auf ein mit Backpapier ausgelegtes Backblech geben und etwas abkühlen lassen.

2 Den warmen Teig zwischen zwei Lagen Backpapier ausrollen und 1–2 Tage trocknen lassen, bis sich das Backpapier gut abziehen lässt.

3 Dünne Streifen abschneiden und in etwas Mehl wälzen, zu Schnecken aufrollen oder Quadrate, Kreise etc. ausschneiden oder mit Ausstechförmchen ausstechen und nochmals zum Trocknen auf ein Pralinengitter geben. Zum Verzieren bunte Zuckerperlen auf frischen Zuckerguss (Puderzucker mit ein paar Tropfen Zitronensaft verrührt) streuen.

Mein Tipp

Reliefmuster von Buttermodeln, Pralinenformen oder alten Knöpfen können in die frische Lakritze gedrückt werden.

Maiwipfelkaramellen

Der Maiwipfelhonig in den Karamellbonbons löst und befreit bei Husten und Halsweh. Er lässt sich ganz leicht zu Hause mit jungen Fichtentrieben und Honig oder Rohrzucker herstellen.

Zutaten

200 g Maiwipfelhonig
(Rezept siehe S. 24)

½ EL Glukosesirup

30 g Butter

Neutrales Öl zum Einfetten

1 Maiwipfelhonig und Glukosesirup in einen Topf geben, gut verrühren, aufkochen und 5–10 Minuten ohne Rühren kochen. Hat der Sirup ca. 125 °C erreicht, die Butter zugeben. Nicht rühren, sondern den Topf nur leicht hin und her schwenken, bis sich die Butter auflöst. Ist die Karamellmasse 130 °C heiß, den Topf zum Unterbrechen des Karamellisierens in ein mit kaltem Wasser angefülltes Spülbecken stellen.

2 Die nicht mehr schäumende Masse auf eine geölte Marmorplatte gießen. Sobald sich eine Haut auf der Karamellmasse bildet, mit einem geölten Spatel das Karamell von der Marmorplatte lösen und mit geölten Händen zu einem Strang ziehen, in der Mitte zusammenfalten und spiralig in die Länge ziehen. Nun wieder zusammenfalten und drehend in die Länge ziehen. Die Karamellmasse verändert sich in ihrer Beschaffenheit, sie wird milchig und glänzt schimmernd.

3 Der Strang wird beim Auskühlen langsam hart und unformbar. Mit einer stabilen, geölten Schere kleine Bonbons davon abschneiden und sie auf Backpapier abkühlen lassen. Karamellen ziehen leicht Feuchtigkeit und sollten deshalb nach dem Abkühlen gleich luftdicht verpackt werden.

Löwenzahn-Rosen-Lokum

Lokum ist eine türkische Süßigkeit. Dieses hier enthält keine künstlichen Farbstoffe, sondern scheint wunderschön rot durch den Rosenblütensirup.

Zutaten

3 Kardamomkapseln

75 g Stärke

650 g Zucker

250 ml Löwenzahnsirup

5 g Agar-Agar

½ TL Weinstein

250 ml Rosenblütensirup

50 g Honig
(Orangenblütenhonig)

1–2 EL Rosenwasser

1 Msp. Koriander

5 g Zitronensäure

Puderzucker und Stärke zum
Bestäuben

1 Eine Kastenform mit Backpapier auslegen und mit einem Gemisch Puderzucker-Stärke 1:1 bestäuben. Die Kardamomkapseln im Mörser fein reiben. 75 g Stärke, 200 g Zucker, 50 ml Löwenzahnsirup und Agar-Agar in einer kleinen Schüssel zu einer Paste (Stärkebrei) verrühren.

2 150 ml Löwenzahnsirup, 450 g Zucker und Weinstein in einem breiten Topf verrühren und auf 114 °C erhitzen (Zuckersirup).

3 In der Zwischenzeit den Rosenblütensirup mit 50 ml Löwenzahnsirup erhitzen; sobald der Sirup kocht, den Stärkebrei einrühren und unter anhaltendem Rühren köcheln lassen, bis die Mischung klar und klumpenfrei ist. Nun nach und nach den heißen Zuckersirup einrühren und 10–20 Minuten unter Rühren einkochen lassen.

4 Den Lokumbrei durch ein großes Sieb streichen, um die letzten Stärkeklümpchen zu entfernen. Honig, dann Rosenwasser, Kardamom, Koriander und zum Schluss die Zitronensäure einrühren.

5 Masse in die Kastenform geben und über Nacht erkalten lassen.
Auf ein mit Stärke und Puderzucker bestäubtes Blech stürzen und in Würfel schneiden. Die Würfel sollten noch 1–2 Tage an einem warmen Ort getrocknet werden, bevor sie mit viel Puderzucker-Stärke-Gemisch bestreut in Dosen gelagert werden.

Pfefferminztaler

Die Taler schmecken wie Pfefferminzbruch – umhüllt von einer dünnen Schicht Schokolade. Die Herstellung der Fondantmasse ist nicht einfach und gelingt nur durch Zugabe von Glukosesirup.

Zutaten

200 ml Wasser

5 g getrocknete Pfefferminze oder 10 g frische

400 g Zucker (oder Einmachraffinade)

100 g Glukosesirup (oder Invertzucker)

3–5 Tropfen ätherisches Pfefferminzöl

50–100 g Puderzucker

Ca. 200 g Vollmilchkuvertüre

Kandierte Minzblättchen

1 Das Wasser aufkochen, Pfefferminze zugeben und 5 Minuten ziehen lassen, dann abseihen und die Flüssigkeit auffangen. Einen Topf mit kaltem Wasser ausspülen. Handrührgerät mit angefeuchteten Knethaken bereitstellen, Küchenhandtuch zum Unterlegen, Marmorplatte, Spatel und Holzlöffel mit kaltem Wasser anfeuchten.

2 Zucker, Sirup und 150 ml Pfefferminzabsud in einem weiteren Topf erhitzen. Sobald der Zucker aufgelöst ist, nicht mehr rühren. Weiter bei mittlerer Hitze kochen, bis der Sirup eine Temperatur von 110–114 °C erreicht hat. Je heißer der Zuckersirup gekocht wird, umso härter ist später die Fondantmasse!

3 Die zum Flug gekochte Sirupmasse langsam aus 40 cm Höhe in den ausgespülten, kalten Topf gießen und 2 Minuten ruhen lassen. Die abkühlende Masse mit etwas Wasser besprengen, dann mit dem Handrührgerät rühren und kneten, bis sie milchig glänzt und langsam unformbar wird. Währenddessen Pfefferminzöl und Puderzucker zugeben.

4 Mit einem Metallschaber die Fondantmasse aus dem Topf kratzen und mit feuchten Händen weiter zu einem flachen Kloß kneten. In Frischhaltefolie wickeln oder in eine dicht schließende Dose legen und über Nacht ruhen lassen.

5 Nun flach drücken und Quadrate ausschneiden oder kleine Kugeln formen und mit der Hand platt drücken, mit Kuvertüre überziehen und mit kandierten Minzblättern belegen.

Holunderblütengelee mit Joghurt

Geleefrüchte mit Joghurt erfreuen sich in den Supermärkten wachsender Beliebtheit. Dieses Rezept kommt ohne tierische Geliermittel aus. Durch die Kombination von Holunderblüten mit Rosen erhält diese Süßspeise eine besondere, edle Note.

Zutaten

150 g Holunderblütensirup

50 g Joghurt

100 g Zucker

3 g Zitronensäure

3 g Agar-Agar

2 EL kandierte Rosenblüten

1 Sirup, Joghurt, Zucker, Zitronensäure und Agar-Agar in einen Topf geben. Unter Rühren aufkochen, bis sich der Zucker gelöst hat. Etwas abkühlen lassen, nun die Hälfte der Flüssigkeit in saubere Silikonförmchen füllen.

2 Die kandierten Rosenblüten in kleine Stücke brechen und auf die Förmchen verteilen, mit dem restlichen Joghurtgelee auffüllen. Mehrere Stunden erstarren lassen oder für 1 Stunde ins Gefrierfach stellen, mit einem feinen Messer den Rand leicht lösen, um die Geleeblüten leichter aus den Förmchen zu stürzen.

Variante

Klares Gelee erhalten Sie, indem Sie 200 g Holunderblütensirup verwenden und dafür den Joghurt streichen. Für farbige Tupfer können Sie kleine Trockenfrüchte (z. B. Berberitzen oder Kirschen) oder kandierte Erdbeeren hineinlegen.
Sie sollten dann das Gelee in 2–3 Schichten einfüllen und jeweils erstarren lassen, so schwimmen die Früchte nicht an der Oberfläche.

Feines
Gebäck

Nussschnitten

Dieser herzhaft-nussige Müsliriegel passt sowohl in die Handtasche als auch hervorragend als Ergänzung des Pausenbrots in den Schulranzen. Klein, sättigend und nahrhaft – und schmeckt nach mehr.

Zutaten

200 g Sahne

150 g Zucker

30 g Kürbiskerne

50 g Sonnenblumenkerne

20 g Sesam

50 g Walnüsse

30 g Haselnüsse

75 g Mehl

50 g gepuffter Amaranth

40 g getrocknete Kirschen

50 g getrocknete Aprikosen, klein geschnitten

1 EL Kakao

1 Msp. Vanille

10 g kandierte Kirschen zum Verzieren

1 Sahne und Zucker aufkochen und ca. 3 Minuten köcheln lassen. Kürbis- und Sonnenblumenkerne, Sesam und Nüsse zugeben und unter Rühren leicht anbräunen. Topf vom Herd nehmen und Mehl, Amaranth, Aprikosen, Kirschen, Kakao und Vanille unterrühren.

2 Die Masse in eine mit Backpapier ausgelegte Kastenform füllen oder mit zwei Löffeln kleine Häufchen auf Backpapier setzen, mit den kandierten Kirschen verzieren und bei 160 °C 15–20 Minuten backen.

Variation

Sie können auch andere Trockenfrüchte verwenden, wie Apfelscheiben, Cranberrys, Berberitzen oder Mangos, um Abwechslung in Ihre Müsliriegel zu zaubern.

Cantuccini

Ein Gebäck mit Nüssen und Anisgeschmack, nichts anderes verbirgt sich hinter den zurzeit so beliebten Cantuccini, die meist in Dessertwein getunkt werden. Sie sind besonders lang haltbar, da sie wie Zwieback zweimal gebacken werden.

Zutaten

50 g Haselnüsse

50 g Walnüsse

3 Eiweiß

100 g Zucker

1 Päckchen Vanillezucker

Salz

140 g Mehl

1 TL Anissamen, gemahlen

1 Hasel- und Walnüsse wenige Minuten bei 180 °C im Backofen rösten, dann abkühlen lassen.

2 Eiweiß mit Zucker, Vanillezucker und Salz steif schlagen. Mehl, Nüsse und Anis vorsichtig unterheben.

3 Die Masse in mehrere kleine Silikonbackformen oder eine mit Backpapier ausgelegte Kastenform füllen und bei 180 °C ca. 30 Minuten backen. In der Form leicht abkühlen lassen, dann herauslösen und vollständig auskühlen lassen.

4 Die kalten Brote in ca. 5–10 mm dicke Scheiben schneiden, auf einem Backblech bei 160 °C Umluft im Ofen weitere 20 Minuten rösten, dabei nach 10 Minuten umdrehen. Die knusprigen Scheiben abkühlen lassen und in Dosen verpacken. Sie sind bis zu einem Monat haltbar.

Mein Tipp

Sie können die Anis-Nuss-Brote mit verschiedenen Nüssen oder auch Mandeln zubereiten.

Zutaten
für 3–4 Laibe

200 g Dörrbirnen (Hutzeln)

250 g Dörrpflaumen

250 g Feigen

350 g Roggenweizenmehl
(Type 1150)

350 g Weizenmehl
(Type 405)

125 g brauner Zucker

2 Würfel Hefe

½ TL Salz

125 ml Milch, erwärmt

125 g Rosinen

125 g Korinthen

125 g Orangeat

2–3 EL Rum

125 g Mandeln, gemahlen

125 g Haselnüsse, gemahlen

125 g ganze Haselnüsse

125 g ganze Walnüsse

1 Msp. Nelken

1 Msp. Kardamom

25 g Zimt

125 ml Einweichwasser der
Birnen und Zwetschgen

Schwäbisches Früchtebrot

In Süddeutschland ein traditionelles Gebäck, das wochenlang gelagert werden kann. Früher wurde das Hutzelbrot oft Ende November gebacken und erst an Weihnachten verzehrt.

1 Hutzeln unter fließendem Wasser kurz waschen, in Scheiben schneiden und die Stiele entfernen. Dörrpflaumen und Feigen vierteln und mit den Birnen in lauwarmem Wasser über Nacht einweichen. Am nächsten Tag abseihen, dabei das Einweichwasser auffangen.

2 Aus den Mehlen, Zucker, Hefe, Salz und Milch sowie den Gewürzen einen Hefeteig zubereiten. Vom Einweichwasser der Birnen so viel zugeben, dass ein weicher Teig entsteht. Den Teig gut durchkneten und mehrmals mit Wucht auf die Arbeitsplatte schlagen, damit er schön weich wird. Nun an einem warmen Ort zugedeckt ca. 30 Minuten gehen lassen.

3 Währenddessen die Trockenfrüchte mit dem Rum in einer Schüssel vermengen und die Nüsse zugeben. Dem aufgegangenen Hefeteig mit den eingeweichten Birnen, Feigen und Pflaumen zugeben, gut durchkneten und 3–4 Laibe formen. Die Laibe 1–2 Stunden an einem warmen Ort gehen lassen (eventuell im Backofen bei 50 °C). Bei 180 °C ca. 50–60 Minuten backen.

4 Die Laibe über Nacht auskühlen lassen und am nächsten Morgen einzeln in Alufolie einpacken. Bei kühler, trockener Lagerung ist das Früchtebrot mehrere Wochen haltbar.

Petits Fours

Zutaten

Aprikosenfruchtmatte

200 g frische Aprikosen

100 g Zucker

4 g Agar-Agar

½ EL Zitronensaft

Biskuitteig

3 Eier

40 g Marzipanrohmasse

3 EL warmes Wasser

Zitronenschale, gerieben

40 g Zucker

50 g Mehl

30 g Speisestärke

Füllung und Deko

ca. 30 g Aprikosenmarmelade

25 g Puderzucker

100 g Marzipan

300 g Zartbitter- oder
Vollmilchkuvertüre

Dieses feine Gebäck ist ein süßer Blickfang und wunderbar geeignet als Häppchen zum Kaffeekränzchen oder Nachmittagstee.

Aprikosenfruchtmatte

Die Aprikosen waschen, entsteinen und in einem kleinen Topf zusammen mit dem Zucker, Agar-Agar und Zitronensaft pürieren. Aufkochen und 2–3 Minuten unter Rühren köcheln lassen. Das Fruchtmus in eine mit Backpapier ausgelegte Kastenform gießen und am besten über Nacht fest werden lassen.

Biskuitteig

Die Eier trennen, das Eiweiß steif schlagen. Die Marzipanmasse im Wasser auflösen und mit den drei Eigelb, Zitronenschale und Zucker schaumig rühren. Mehl und Speisestärke darübersieben und mit dem Eischnee unterheben. Ein mit Backpapier ausgelegtes Backblech komplett mit dem Teig bestreichen und ca. 12–15 Minuten bei 180 °C im Ofen backen. Dann abkühlen lassen.

Den Biskuit in drei Lagen von Kastenformgröße zuschneiden, auf Backpapier legen und eine Lage mit Aprikosenmarmelade dünn bestreichen, dann die Aprikosenfruchtmatte und eine Lage Biskuit darüberlegen.
Puderzucker und Marzipan verkneten und in Größe der Biskuitlagen ausrollen. Den Biskuit damit belegen, die dritte Biskuitlage daraufgeben und gut andrücken.
In kleine Würfel von ca. 3 x 3 cm Größe schneiden und mit temperierter Kuvertüre überziehen. Den noch flüssigen Überzug nach Belieben mit bunten Zuckerperlen, Dekorplättchen oder Zuckerschrift verzieren.

Mandelmakronen mit Schoko-Bananen-Füllung

Dieses nussige Baiser kennt man aus Konditoreien, allerdings ohne die spezielle Füllung. Die Schokoladenbanane stand Pate für diese Kreation, nur wird die Banane diesmal püriert und direkt in die Füllung mit eingearbeitet.

Zutaten

Für die Makronen:

2 Eiweiß

125 g Puderzucker

100 g Mandeln, fein gemahlen

Für die Füllung:

70 g Nussnougat-Rohmasse

70 g Schokolade

1–2 Kardamomkapseln

1 kleine Banane (ca. 70 g)

50 g Haselnüsse, gemahlen

1 Msp. Orangenschale, gemahlen

1 Msp. Zimt

1 Eiweiß und Puderzucker in einem hohen Gefäß mindestens 2 Minuten steif schlagen. Die gemahlenen Mandeln vorsichtig unterziehen und den Teig in eine Gebäckspritze füllen. Kleine Rosetten von ca. 2–3 cm Durchmesser auf ein mit Backpapier belegtes Backblech spritzen und im Ofen bei ca. 100 °C ca. 2 Stunden trocknen.

2 Nussnougat zusammen mit der Schokolade im Wasserbad schmelzen. In der Zwischenzeit die Kardamomkapseln im Mörser zerstoßen und die Banane schälen und pürieren. Das Bananenpüree mit der Schokoladenmasse, den gemahlenen Haselnüssen und den Gewürzen vermischen. Jeweils eine Makrone damit bestreichen, eine zweite daraufsetzen und abkühlen lassen.

Mein Tipp

Durch die frische Banane in der Füllung verkürzt sich die Haltbarkeit der Makronen auf wenige Tage. Möchten Sie eine größere Menge im Voraus herstellen, so können Sie die Makronen auch einfrieren.

Zigarrnudeln mit Apfelfüllung

Die Nudeln sind eine schwäbische Spezialität und schmecken einfach herrlich. Der Hefeteig ist salzig, folglich kann man die ungefüllten, warmen Nudeln auch als Beilage zu salzigen Gerichten servieren.

Zutaten

Für den Teig:

500 g Kartoffeln

80–100 ml Milch

500 g Mehl

40 g Hefe

2 Eier

50 g Butter

1 TL Salz

Frittierfett

Für die Füllung:

500 g Äpfel

60–100 g Zucker

Etwas Zimt

Puderzucker oder Zimt
und Zucker zum Bestreuen

1 Die Kartoffeln kochen, schälen und warm durch eine Kartoffelpresse drücken. Die Milch erwärmen. Kartoffeln, Mehl, Hefe, Eier, Butter, Salz und Milch zu einem weichen Hefeteig verkneten. Den Teig zugedeckt in einer großen Schüssel ca. 30 Minuten an einem warmen Ort gehen lassen.

2 Den klebrigen Teig in eine Gebäckspritze füllen und ca. 10 cm lange bzw. runde Nudeln auf Backpapier spritzen oder direkt in das heiße Frittierfett hinein. Die Nudeln beidseitig hellbraun frittieren und anschließend auf Küchenkrepp abtropfen lassen.

3 Für die Füllung die Äpfel schälen, entkernen und in kleine Würfel schneiden. Mit etwas Wasser, dem Zucker und Zimt in einem kleinen Topf bei aufgesetztem Deckel gar dünsten und danach pürieren.

4 Die Zigarrnudeln mit dem Apfelmus füllen, dazu das Mus in die Nudeln hineinspritzen oder die Nudeln der Länge nach aufschneiden und mit Mus füllen. Die warmen Nudeln mit Puderzucker oder Zimt und Zucker bestäuben. Nach Belieben mit Apfelmus warm oder kalt servieren.

Granatsplitter

Zutaten

1 halber Tortenboden
(Biskuitboden, ca. 200 g)

6 EL Rum

200 g frisches Pfirsichfleisch
oder Pfirsich aus der Dose,
klein gewürfelt

Aprikosenmarmelade

200–300 g Vollmilchkuvertüre

Für die Buttercreme:

500 ml Milch

1 Päckchen Vanillepudding-
pulver

100 g Zucker

150 g Butter, zimmerwarm

Für die Mürbeteigkekse:

200 g Mehl

50 g Zucker

100 g Butter

1 Eigelb

1 Päckchen Vanillezucker

Prise Salz

Traditionell werden für dieses Gebäck Biskuitreste verwendet. Sie können aber natürlich auch einen gekauften Tortenboden verwenden.

1 Den Tortenboden zerbröseln oder in Würfelchen schneiden und mit Rum tränken.

2 In der Zwischenzeit die Buttercreme zubereiten: 6 EL Milch gut mit dem Puddingpulver verrühren, unterdessen die restliche Milch in einem kleinen Topf erhitzen. Den Zucker und das angerührte Puddingpulver in die heiße Milch einrühren, zu Pudding kochen und abkühlen lassen. Dabei von Zeit zu Zeit durchrühren, damit sich keine Haut bildet.

3 Hat der Pudding Zimmertemperatur erreicht, die Butter in einer schmalen Rührschüssel schaumig schlagen und esslöffelweise Pudding in die Butter einrühren. Ist der Pudding noch zu warm, gerinnt die Buttercreme und sieht unansehnlich aus. In diesem Fall Butter und Pudding weiter abkühlen lassen und die Butter esslöffelweise in die Puddingcreme einrühren.

4 Für die Mürbeteigkekse aus Mehl, Zucker, Butter, Eigelb, Vanillezucker und Salz einen geschmeidigen Mürbeteig herstellen. 5 mm dick ausrollen und runde Kekse ausstechen. Bei 180 °C ca. 15 Minuten backen und auskühlen lassen.

5 Pfirsich- und Biskuitstücke in die Buttercreme rühren. Die Mürbeteigkekse mit Aprikosenmarmelade bestreichen und die Creme kuppelartig auf den Keksen anhäufen. Im Kühlschrank erkalten lassen.

6 Kuvertüre schmelzen und die Granatsplitter damit überziehen. Nach Belieben mit Haselnusskrokant, weißer Kuvertüre oder bunten Zuckerstreuseln verzieren.

Gefüllte Erdbeer-Kirsch-Baisers

Ein leichtes, sommerliches Gebäck, das zum Naschen verlockt und als Mitbringsel sehr gut geeignet ist.

Zutaten

Für die Baisers:

2 Eiweiß

125 g Puderzucker

½ TL Vanillepulver

1 TL Erdbeerpulver

1 TL Himbeerpulver

Salz

Kandierte Rosenblüten

Für die Füllung:

100 g weiße Schokolade

25 g Kokosfett

30 g Erdbeeren oder Kirschen

1 EL Kirschwasser

1 Eiweiß mit Puderzucker und Aromen (Vanille, Erdbeer- und Himbeerpulver sowie Salz) schaumig schlagen. Die Eischneemasse in eine Gebäckspritze füllen und auf ein mit Backpapier belegtes Backblech kleine Rosetten spritzen und mit kandierten Rosenblüten oder Himbeer- bzw. Erdbeerpulver bestreuen. Im Ofen bei 100 °C ca. 2 Stunden trocknen.

2 Die Schokolade in kleine Stücke brechen und mit dem Kokosfett im Wasserbad schmelzen. Die Erdbeeren oder Kirschen pürieren, mit dem Kirschwasser abschmecken und in die geschmolzene Schokolade einrühren. Die Ganache für eine Stunde in den Kühlschrank stellen, zwischendurch mehrmals umrühren.

3 Die gekühlte Ganache aufrühren und je ein abgekühltes Baiser damit bestreichen. Ein zweites Baiser darauflegen.

Mein Tipp

Baiser sollte nicht bei zu hohen Temperaturen gebacken werden, da es schnell aufgeht, aber im Inneren sonst noch teigig bleibt und abgekühlt zusammenfällt.

Holunderküchle

Die Holunderblüten können Sie zum Beispiel auf einem Spaziergang am Waldrand sammeln. Mit den frischen Blüten sind die Küchle eine besondere Leckerei im Frühsommer!

Zutaten

2 Eier

50 g Zucker

1 Päckchen Vanillezucker

120 g Mehl

Ca. 200 ml Milch

6–8 Holunderblütendolden, frisch geerntet und ohne Stiel

Frittierfett zum Ausbacken

1 Eier, Zucker, Vanillezucker und Mehl miteinander verrühren, anschließend Milch unterrühren, bis ein nicht zu flüssiger Teig entsteht. Die Holunderblütendolden in den Teig eintauchen bzw. abgezupfte Blüten einrühren.

2 Frittierfett auf ca. 180 °C erhitzen und die abgetropften Holunderblüten ausbacken.
Bei Verwendung von Waffelausbackförmchen mit Haltegriff diese ca. 1 Minute in dem siedenden Fett erhitzen, dann die Form in den Teig tauchen. Das Ausbackförmchen darf nicht vollständig mit Teig bedeckt sein, da die fertige Waffel sich sonst nicht mehr vom Eisen löst. Teig kurz abtropfen lassen, die Form in das heiße Fett tauchen und ca. 1 Minute goldgelb frittieren. Die Waffel mithilfe einer Gabel von der Ausbackform lösen und auf einem Gitter und Küchenkrepp abtropfen lassen.

Mein Tipp

Versuchen Sie doch mal anstelle der Holunderblüten auch Rosenblüten, Pfefferminzblättchen oder getrocknete, pulverisierte Früchte (z. B. Himbeer- oder Erdbeerpulver). Oder verwenden Sie herzhafte Kräuter wie Salbei, Basilikum, Zwiebeln oder Brennnesseln und lassen Sie den Zucker und die Vanille im Teig weg.

Glossar

Agar-Agar ist ein pflanzliches Verdickungsmittel, gewonnen aus Rotalgen, das man zur Herstellung von Geleebonbons, Marshmallows, aber auch zum Kochen von Marmelade etc. einsetzen kann. Es wird durch Kochen (95 °C) verflüssigt und verfestigt sich bei 45 °C und muss vor Verwendung nicht quellen.

Einmachraffinade ist doppelt raffinierter, grobkörniger Haushaltszucker, der weniger Verunreinigungen enthält und so weniger schäumt beim Kochen.

Fondant ist eine weiche, f ormbare Masse, die aus Zucker, Wasser und Glukosesirup hergestellt und in vielen Süßigkeiten verwendet wird. Die Herstellung erfordert etwas Erfahrung und Geduld.

Als **Fudge** bezeichnet man ein weiches Karamellbonbon oder Konfekt, das aus Zucker, Milch, Sahne, Honig und Aromastoffen besteht und in verschiedenen Ländern variiert wurde: Schweizer Rahmtäfeli, englisches Butterscotch oder Toffee oder Bayrischer Blockmalz sind ein paar Beispiele.

Eine **Ganache** besteht hauptsächlich aus Kuvertüre, Sahne und Aromen wie Nüssen, Gewürzen, Fruchtpüree, Rum etc. Sie wird als Pralinenfüllung oder als Überzugsmasse von Torten verwendet und kann in der Konsistenz variieren von sehr cremig bis relativ schnittfest.

Gelatine ist ein tierisches Verdickungsmittel, das aus Haut und Knochen gewonnen wird und wie Agar-Agar eingesetzt werden kann. Sie muss aufquellen, bevor sie sich ab 55 °C auflöst, und kann bei wiederholtem Erhitzen wieder schmelzen. Gelatine sollte nicht längere Zeit gekocht werden, da das ihre Gelierkraft vermindert.

Glukosesirup ist ein zähflüssiger Zuckersirup, der das Auskristallisieren von Zucker verhindert. Auch Invertzucker oder Traubenzucker können zu diesem Zweck beim Kochen von Zucker eingesetzt werden.

Kakaobohnen sind die Grundsubstanz für Schokolade. Zuerst werden die Bohnen geröstet, gebrochen und von der Schale getrennt. Diese vorbehandelten Samen werden mit erhitzten Walzen gemahlen und mithilfe einer Fettpresse von der Kakaobutter getrennt. Der Pressrückstand wird getrocknet zu **Kakaopulver** weiterverarbeitet. Kakaobutter schmilzt bei Körpertemperatur und wird in weißer Schokolade, aber auch in der Kosmetikindustrie eingesetzt.

Kandieren ist eine spezielle Form des Konservierens. Früchte werden in Zuckerlösung gekocht und eingelegt, um das Wasser in den Früchten durch Zucker zu ersetzen.

Karamell entsteht durch Erhitzen von Zucker ab 150 °C. Der Zucker färbt sich goldgelb bis bräunlich und schmeckt zunehmend bitter durch die sich bildenden Röststoffe.

Kuvertüre enthält mehr Kakaobutter (mindestens 31 %) als normale Schokolade, schmilzt dünnflüssiger, glänzt verstärkt und eignet sich daher sehr gut zum Überziehen von Pralinen, Torten und sonstigen Süßwaren.

Maiwipfelhonig wird aus jungen Fichtentrieben gewonnen, die in Honig oder braunem Rohzucker eingelegt werden.

Marzipan besteht aus fein gemahlenen, enthäuteten Mandeln, Puderzucker und Rosenwasser.

Der Begriff **Nougat** wird in Europa nicht einheitlich, sondern für verschiedene Süßwaren verwendet. Für **dunklen Nougat** werden geröstete Nüsse sehr fein gemahlen und mit Kakao/Schokolade und Zucker vermengt. Für **weißen Nougat** kocht man Zucker mit Eischnee und Honig auf und vermischt die klebrige Masse mit Nüssen, kandierten Früchten usw.; er wird auch **Türkischer Honig** genannt.

Orangeat bzw. **Zitronat** wird aus den Schalen der Orangen/Zitronen hergestellt, die man zuerst mit Wasser auskocht, um die Bitterstoffe zu entfernen, und dann in einer Zuckerlösung kandiert.

Parfait besteht aus schaumig geschlagenen Eiern, Zucker, Fruchtpüree und Sahne. Sahne und Eischnee lockern das Halbgefrorene auf, sodass man es leicht schneiden kann.

Pralinenhohlformen sind vorgegossene Schokoladenhüllen, in die eine Cremefüllung gespritzt und mit Kuvertüre verschlossen wird, sie sind im Internet erhältlich.

Puderzucker ist fein gemahlener Haushaltszucker, der manchmal mit Stärke vermischt wird, um Klumpenbildung zu unterbinden.

Dunkle **Schokolade** besteht aus Kakaobutter, Kakaomasse und Zucker. Der Anteil an Kakaomasse beträgt 50–70 %. Vollmilchschokolade enthält dagegen ca. 25 % Milchpulver. Weiße Schokolade enthält keinen Kakao, sondern lediglich Kakaobutter, Milchpulver und Zucker.

Sorbet ist ein eiskaltes Getränk oder ein halb gefrorenes Dessert aus Fruchtsaft oder -püree, manchmal auch Sekt oder Wein, und Zucker.

Trüffel sind kugelförmige Pralinen, die mit einer Ganachecreme gefüllt, mit Kuvertüre überzogen und in Puderzucker oder Kakao gewälzt werden.

Vollrohrzucker (brauner Zucker) ist der reine, getrocknete Saft des Zuckerrohrs und enthält noch Mineralstoffe, Spurenelemente etc.

Natürliche **Zitronensäure** kommt in vielen Früchten vor, bekanntermaßen in Zitrusfrüchten, aber auch in Äpfeln oder Himbeeren. Chemisch synthetisierte Zitronensäure ist pulverförmig und wird häufig zum Konservieren und Säuern von Süßspeisen und Limonade verwendet. Sie wird unter der Nummer E 330 deklariert.

Adressen, die Ihnen weiterhelfen

Pati-Versand.de
Backzutaten, Hohlkörper, Patisseriebedarf
Siemensstr. 22
49770 Herzlake
Tel. 0 18 03/03 08 08
(9 ct./Min. aus dem dt. Festnetz)
Info@Pati-Versand.de

Tortissimo GmbH
Backzubehör und -zutaten
Am Kreuzweg 1
35469 Allendorf/Lumda
Tel. 0 64 07/40 34 40 00
info@tortissimo.de
www.tortissimo.de

Kurt Greiner GmbH
Back- und Ausstechformen, Backbedarf
Hauptstr. 65-67
91054 Erlangen
Tel. 0 91 31/80 79 0
service@backwelt24.de
www.backwelt24.de

PralinenIdeen.de
Hohlkörper, Backzutaten und -zubehör
Thomas Sommerfeld
Im Stenglenz 12a
77791 Berghaupten
Tel. 0 78 03/92 79 83 0
info@pralinenideen.de

Goldpralinen
Internet-Shop Agentur Lutze
Pralinenzubehör, Zutaten
Erlenweg 12
02733 Cunewalde
Tel. 03 58 77/2 03 20
kontakt@goldpralinen.de
www.goldpralinen.de/

Otto Beier Waffelfabrik GmbH
Waffelplatten
Bahnhofstraße 31
93468 Miltach
service@beier-waffeln.de
www.beier-waffeln.de

Österreich

SchokoHuth
Hohlkörper, Pralinenzubehör, Zutaten
Gottschalkgasse 2
1110 Wien
Tel. 06 81/20 40 40 85
schokohuth@gmx.at
www.schokohuth.at

Weiterführende Literatur

Blythman, Joanna: Patisserie. Süße Verführung ohne Reue. Augsburg: Weltbild Verlag, 1988.

Ebelsberger, Karin: Pralinen & Konfekt. München: Gräfe und Unzer, 2008.

Grimm, Hans-Ulrich: Echt künstlich. Das Dr. Watson Handbuch der Lebensmittel-Zusatzstoffe. Stuttgart: Dr. Watson Books, 2007.

Lajos, Mari/Hemzö, Karoly: 99 Süßigkeiten aus Obst. Gütersloh: Prisma Verlag, 1984.

Lang, Ursula/Schierhorn, Annette: Fruchtwein, Likör, Most und Säfte. Einfach selber machen. München: BLV Buchverlag, 2011.

Ptak, Claire: Pralinen, Trüffel und Konfekt. 90 klassische Rezepte. München: Christian Verlag, 2011.

Pütz, Jean/Niklas, Christine: Süßigkeiten mit und ohne Zucker (Hobbythek). Köln: vgs Verlagsgesellschaft, 1989.

Scherf, Gertrud: Lust auf Wildbeeren. Sammeln. Zubereiten. Genießen. München: BLV Buchverlag, 2011.

Schwartz, Oded: Selbstgemachte Köstlichkeiten. Einlegen, Einkochen, Trocknen, Räuchern, Kandieren und mehr. München: Dorling Kindersley, 2010.

Wilkesmann,, Ute-Marion: Konfekt statt Sünde: 100 Naschereien aus der Vollwert-Küche. Norderstedt: Books on Demand, 2007.

Witte, Hildegard und Manfred: Pralinen selbst gemacht. Husum: Husum Verlag, 2011.

Rezept- und Stichwortverzeichnis

Über die Autorin

Ursula Lang lebt mit ihrer Familie im Allgäu und bewirtschaftet mit ihrem Mann mehrere Gärten, in denen seltene Gemüse, Früchte und Kräuter gedeihen. In den Hobbygärten werden fast vergessene und teilweise vom Aussterben bedrohte Kultursorten wie Zichorie oder Haferwurzel erhalten und ungewöhnliche Pflanzen wie Erdmandeln, Apfelbeeren, aber auch Süßholz oder Zitronenkoriander vermehrt. Hier gedeihen neben Kräutern aber auch Ideen für neue Rezepte und Projekte. Früchte und Blüten, die in den Sommermonaten geerntet, eingekocht, entsaftet und tiefgefroren wurden, werden an grauen, kalten Tagen in der Küche in Leckereien verwandelt. Als Museumspädagogin im Bauernhausmuseum Wolfegg hat sie in den letzten Jahren Aktionsprogramme für Schulklassen und Familien entworfen und organisiert, wobei althergebrachte Kulturtechniken wie die Haltbarmachung und Verarbeitung von Lebensmitteln, Herstellung von Süßigkeiten aus Omas Zeiten etc. mit zu ihren Schwerpunktthemen ihrer Arbeit gehörten.

Impressum

**Bibliografische Information
der Deutschen Nationalbibliothek**
Die Deutsche Nationalbibliothek verzeichnet diese Publikation in der Deutschen Nationalbibliografie; detaillierte bibliografische Daten sind im Internet über http://dnb.d-nb.de abrufbar.

Bildnachweis
Alle Fotos von Bethel Fath

Umschlagkonzeption: Kochan & Partner, München
Umschlagfotos: Bethel Fath

Lektorat: Stella Rahn, Maritta Kremmler
Herstellung: Angelika Tröger
Satz und Layout: Anton Walter, Gundelfingen

Gedruckt auf chlorfrei gebleichtem Papier

Printed in Germany
ISBN 978-3-8354-1033-6

BLV Buchverlag
GmbH & Co. KG

80797 München

© 2012 BLV Buchverlag GmbH & Co. KG, München

Hinweis
Das vorliegende Buch wurde sorgfältig erarbeitet. Dennoch erfolgen alle Angaben ohne Gewähr. Weder Autorin noch Verlag können für eventuelle Nachteile oder Schäden, die aus den im Buch vorgestellten Informationen resultieren, eine Haftung übernehmen.